智能指挥控制系统

周丰 刘忠 吴玲 编著

国防工业出版社

·北京·

图书在版编目(CIP)数据

智能指挥控制系统／周丰,刘忠,吴玲编著. —北
京:国防工业出版社,2013.8
ISBN 978 - 7 - 118 - 08801 - 4

Ⅰ.①智... Ⅱ.①周... ②刘... ③吴... Ⅲ.①智能
系统 – 指挥控制系统 Ⅳ.①E072

中国版本图书馆 CIP 数据核字(2013)第 188684 号

※

国防工业出版社出版发行

(北京市海淀区紫竹院南路23 号 邮政编码 100048)
三河市腾飞印务有限公司印刷
新华书店经售
*
开本 850×1168 1/32 印张 6⅛ 字数 176 千字
2013 年 8 月第 1 版第 1 次印刷 印数 1—3000 册 定价 26.00 元

(本书如有印装错误,我社负责调换)

国防书店:(010)88540777 发行邮购:(010)88540776
发行传真:(010)88540755 发行业务:(010)88540717

前　言

　　指挥控制系统(简称指控系统)的逐步智能化是今后一段时间内指控系统发展的主流方向,目前指控系统中的信息处理环节无法发现和利用信息中存在的联系和规则,仅仅凭借指挥人员自身的专业知识和作战经验,难以从海量的战场数据中迅速、准确地获取清晰、有用的战场信息并有效地指挥作战。可以说,对信息的深层次处理和对武器的有效协同控制,已成为夺取战争胜利的"瓶颈"和"焦点",鉴于现代战争中智能化装备的使用以及对信息处理能力需求的不断提高,指挥控制系统逐步实现智能化的需求变得越来越迫切。

　　全书共分八章。第1章对指挥控制系统模型进行了拓展,第2章给出了作战任务描述,第3章介绍了指控系统态势发觉,第4章介绍了指控系统的主动感知任务管理,第5章给出了作战任务管理中任务分配模型与仿真,第6章阐述舰艇编队对空防御目标智能分配,第7章阐述舰艇编队对空武器协同运用智能决策,第8章给出了舰艇编队指挥控制系统的智能化组网方法。

　　本书是将几位作者的研究成果经过进一步的组织和加工而完成的,另外,陈志刚、顾东杰、潘剑撰写了部分章节,同时,也参考了国内外许多专家学者的文章和专著,他们的著作为本书提供了丰富的营养,我们引用了其中的部分素材,使得本书能更好地反映相关研究领域的历史渊源和最新进展,在此向他们一并致谢。

本书在编写过程中得到了各级领导和机关业务部门的关心和支持,特别是国防工业出版社的大力支持及具体指导为本书出版创造了许多便利条件,在此表示衷心的感谢。

受到作者学术水平的限制,书中难免存在一些疏漏和不足,敬请读者批评、指正。

目　录

第1章 指挥控制系统模型的拓展

在现代战争中,夺取信息优势成为战场活动的首要任务;掌握和使用信息资源的能力和水平,成为战争胜负的关键。随着大量观测器材的应用,作战指挥人员面临的问题不再是信息太少,而是信息太多。激增的数据背后隐藏着许多重要的信息,但同时,有的信息是冗余的,有的信息是完全无关的。此时,指控系统在显示目标信息时不应该仅仅是简单的罗列,而应该是将最重要的信息及时、准确地提交给决策者,使之能够对战场态势进行更高层次的分析。提供过多的不相关的信息会干扰和误导指挥人员,使之感到困惑。目前的指控系统中的信息处理环节无法发现数据中存在的关系和规则,仅仅凭借指挥人员自身的专业知识和作战经验,难以从海量的战场数据中迅速、准确地获取清晰、有用的战场信息。可以说,对信息的及时处理和对武器的有效使用,已成为夺取战争胜利的"焦点"和"瓶颈",鉴于现代战争中智能化装备的使用以及对信息处理能力需求的不断提高,指挥控制系统必须逐步实现智能化的需求变得越来越迫切。

当前,智能信息处理技术的不断发展为指挥控制系统实现智能化提供了技术上的可能。但是,现实是:一方面,智能技术蓬勃发展,以新算法(遗传算法、神经网络)和新概念(边操作边学习,系统自组织)为代表的研究成果不断出现;另一方面,尽管在一些局部上利用智能信息处理方法实现了某些智能的功能,但是,作为一个整体,指挥控制系统始终不能智能地完成从目标发现到信息处理直至引导武器打击的所有环节。指控系统工程师更关心的是系统的互联、互通,而对于指控系统的智能化,却认为那几乎是遥不可及的事情。这使我们不得不去思考:究竟是什么样的力量在阻碍着智能信息处理技术进入指挥控制系统的信息处理流程呢？从哪一个环节进行突破才能使智能信息处理技术应用于指控系统，从而使指控系统具有智能化呢？

我们认为：没有系统地从顶层设计的观点将智能信息处理的先进算法及概念，与指控系统通过"观测——评估——决策——行动"完成对敌目标打击的工程化需求相结合，是当前指挥控制系统未能实现智能化的主要原因。

为了对指挥控制过程中的各个环节的作用以及各环节之间的协作操作进行全面、整体的了解，需要对指挥控制过程进行建模，对指挥控制过程进行建模方法可以分为定性分析方法[1, 2]和定量分析方法[3 - 13]，这里只局限于对定性分析方法的讨论。

对指挥控制过程进行建模，将有利于把与指挥控制相关的各种概念、关系组织成一个内在协调一致的逻辑系统，对指挥控制过程进行描述和解释的目的正是要模拟和改进此过程，本章将在给出几种典型指挥控制描述模型的基础上，对指挥控制系统模型进行推广与拓展，并将信息处理的智能化思想渗透到指挥控制流的各个环节，突破现代指控系统智能化的主要瓶颈，拓展现代智能信息处理在指控系统中的应用空间。

1.1　经典指控系统模型

1.1.1　SHORE 指挥控制模型

实施决策的过程可简单地用一个 SHORE 模型来刻画，如图1.1.1 所示。

指挥控制系统本身可看做一个特大型、极复杂的实时资源管理系统，其决策制订过程实质上是基本的人的决策方式在过程、组织、设备、资源等方面的一个扩展，将指挥与控制过程与 SHORE 模型相对应，J. G. Wohl 于 1981 年提出了 SHORE 指挥控制模型，如图 1.1.2 所示。

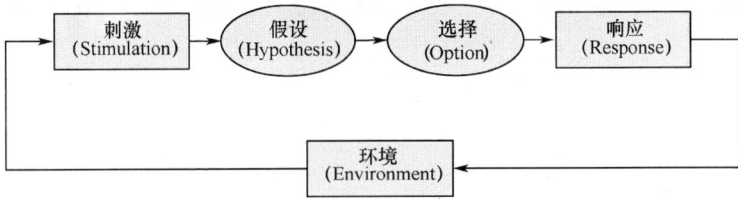

图 1.1.1　SHORE 决策过程模型

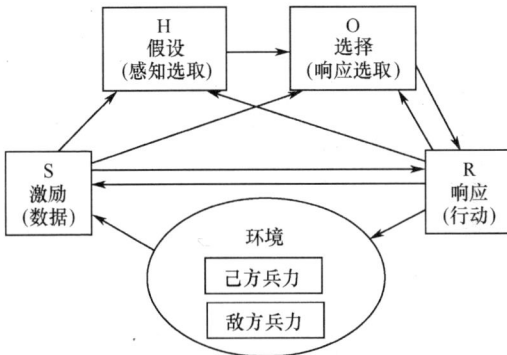

图 1.1.2　SHORE 指挥控制模型

此模型的含义是外部世界的变化刺激人的大脑,使之根据变化的情况提出相应的各种假设,对各假设进行推理,选择一个最为恰当的响应方案,将此响应方案施加到外部世界,引起外部世界新的变化,新的变化又将引起新的决策过程,该模型是一种基于认知科学的指挥控制模型,它突出了对指挥控制过程中认知活动的解释,但对控制过程的特点反映不足。

1.1.2　Lawson 指挥控制模型

1981 年,J. S. Lawson 提出了一种基于控制过程的指挥控制模型[1],如图 1.1.3 所示。

该模型的主要不足是对人的作用描述不够,以至于在应用中受限。

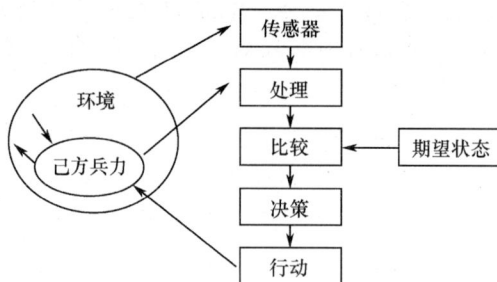

图 1.1.3　Lawson 指挥控制模型

1.1.3　OODA 环指挥控制模型

John R. Boyd 于 1987 提出了作战过程的"观测—评估—决策—行动"模型,即 OODA(Observe,Orient,Decide,Act)环模型,也称为指挥控制环,如图 1.1.4 所示。

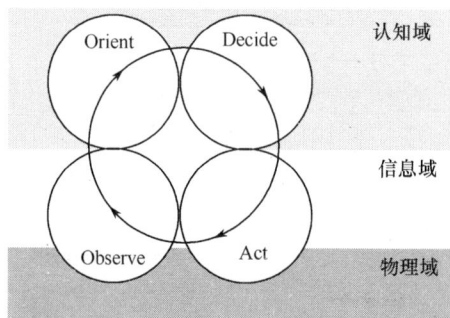

图 1.1.4　观测评估决策行动环指挥控制模型

在 OODA 环模型中,OODA 环具有周期性,周期的大小与作战的兵力规模、空间范围、作战样式有关,一个周期的结束是另一个周期的开始,OODA 环以嵌套的形式关联,例如在舰队作战系统中,最小的 OODA 环是近距武器系统的火力闭环控制环,在单舰层级上有 OODA 环,即舰艇指挥控制环,在编队层次同样有 OODA 环,这些指挥控制环相互嵌套,内环周期短,外环周期长。

OODA 环模型克服了 J. G. Wohl 的基于认知科学模型和 J. S. Lawson 的基于控制过程模型的不足,得到了广泛的应用,此模型在解释指挥控制战中敌我互动关系时比较成功。

OODA 环作为军事指控决策的认知模型,可用于分析决策处理过程中敌我双方的军事力量对比。合理的认知模型可在各种战场情况下精确地描述指挥员的所想以及预测其他行动,可以为军事分析家和决策者提供必要的指控信息帮助,使得他们可以更加有效地决策;可利用它制订军事训练计划、作战条令以及作战计划;通过理解思维的工作原理,可为 C^2 组织或者决策者提供有力的战场分析手段。

OODA 环理论为 C^2 的研究人员提供了一种描述冲突的方法,冲突表现在 OODA 环的时间竞争上,OODA 环试图描述清楚一般意义上的决策处理过程的各个阶段,因此,在每个指挥层次上都采用了 OODA 环的思想,给定层次上的指控决策环受制于其更高一层指控决策环,而快的决策环就能掌握主动。

OODA 环理论存在三方面缺点:

(1)缺乏模型过程之间反馈或前馈环表示,不能有效地表示 C^2 系统的动态决策性。

(2)采用抽象的 C^2 决策模型,没有对 OODA 环提供更具体的描述。

(3)采用严格的线性模型,这使得每个序列的过程不能适应于不同层次的决策者。

1.1.4 M–OODA 环指挥控制模型

M–OODA(Modified OODA)环修正可获得 C^2 决策的动态控制性能[15]。主要的改进包括:

(1)将定位放在整个处理过程的中心,使观测过程的处理变得更为清晰。决策者可从扩展的 OODA 模型中清楚地了解信息的前馈和反馈环。

(2)增加 OODA 环中观测和定位之间的循环,变成可反复观测的动态环,由时间约束和不确定性因素两个标准控制。分析时间不够或出现了不可接受的不确定性因素时,反复过程中断,激活决策过程,选择合适的行动。

（3）基于识别处理模型（RPD）的修正 OODA 模型,包括 5 个高层操作:观测、评估、决策、指示、执行,反映了一般的决策过程。

（4）执行决策环（EDC）模型,比 OODA 环模型复杂,在两方面扩展了 OODA 环:①在 OODA 环中增加了前馈和反馈环以清晰地反映它们之间的控制关系,描述了与时间变量、态势认识程度、所选择行动以及可行性调整等相关的处理流程;②增加了许多与所选择的决策行动相关的过程。

1.1.5 CECA 指挥控制模型

CECA(Critique – Explore – Compare – Adapt)认知模型[16]（如图 1.1.5 所示）基于现代目标认知理论、思维理解的构造理论、心理模型和理论,表现为:

（1）设计合理的作战行动并评估行动的效果。

（2）以高层操作目标来评价计划的相关性和有效性。

CECA 环比 OODA 环更符合自然决策过程,但 CECA 模型并未建立 CECA 环框架与指控实践之间的联系、心理模型和通信之间的联系等。

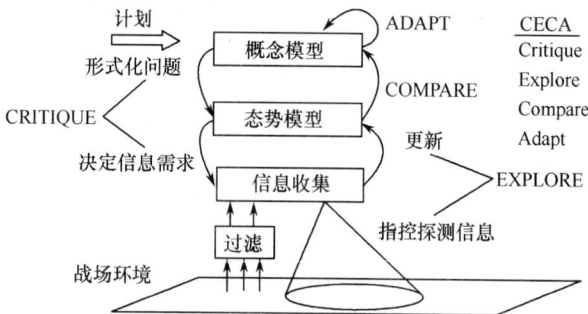

图 1.1.5　CECA 模型

1.1.6 扩展 CECA 指挥控制模型

扩展 CECA 指控认知模型如图 1.1.6 所示,将指控分解成观测、信息处理、指挥处理和通信,将整个 C^2 组织看做耦合的 2 个网络,即信息网络和指挥网络。由信息网实现 CECA 环中的态势模型,由指挥网构建 CECA 环中的概念模型。信息和指挥的分配和路由确定了组织的策略以及对信息的管理,信息网络和指挥网络的拓扑结构、通信成本和能力限制构成了组织结构约束。

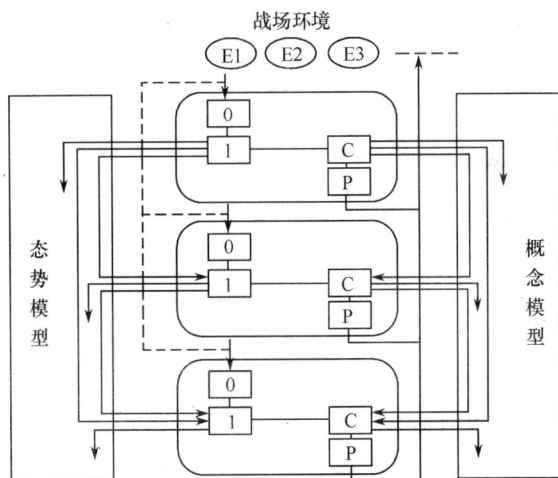

图 1.1.6 扩展 CECA 指挥控制模型

信息/指挥网络混合系统认知模型中,每个平台由 O 观测、I 信息、C 控制、P 处理四部分组成,具有监视、决策、处理和通信功能;接收三类信息流,即本平台观测的信息流、其他平台发送的信息流和指挥流;完成以下任务,即监视事件、接收信息流、融合接收的信息和执行决策,将接收的信息分解为可转换成指挥的信息和传递给其他平台的信息,将指挥信息变成该平台须执行的任务和传递给其他平台的指挥信息,由平台处理指挥任务。

1.2 Imisec 指控系统模型的体系结构

1.2.1 Imisec 指挥控制模型的框架

为了适应瞬息变化的战场环境,使指挥员不被信息的汪洋大海所淹没,从海量数据中准确、及时地发现有用信息并做出正确、作战决策,在完成敌方目标的信息并收集和数据融合以后,就需要有一种基于计算机与信息技术的智能化知识获取工具来提取蕴藏在这些数据中的深层信息,并在此基础上提炼出敌方的作战计划或作战企图。信息挖掘技术有望成为解决这个问题的行之有效的工具,它可为指挥员的决策分析提供智能化、自动化的辅助手段,提高系统的智能化程度及决策的科学性和时效性,在现代战争中争取更多的主动权。

在通过信息挖掘获得敌方作战计划或作战企图的推测以后,需要指控系统对作战空间进行主动感知,以获得相对准确的全局态势图像,进而引导探测设备对具有关键意义的信息盲区进行重点探测、对敌潜在目标主动感知以及实现对敌方作战计划或作战企图的进一步确认。引入信息挖掘与主动感知的指控系统模型框架如图 1.2.1 所示。

鉴于该指控系统模型以信息挖掘(Information Mining)、主动感知(Initiative Sensing)和作战协同(Engagement Cooperative)为特色,为了表述方便,以下将其简称为 Imisec 模型。

指控系统认知域中的态势分析被分解为态势感测、态势合成、态势发觉以及态势推演,在 Imisec 模型中分别由信息收集、信息融合、信息挖掘以及计划(意图)识别以及武器协同等环节实现,其中,与态势相关的包括以下几个部分:

(1)态势感测。指信息从物理域或信息域映射到认知域的一种认知活动,是信息、数据进入认知域的输入过程。有两种感知方式,一种是直接感知方式,通过直接观察完成;另一种是间接感知

8

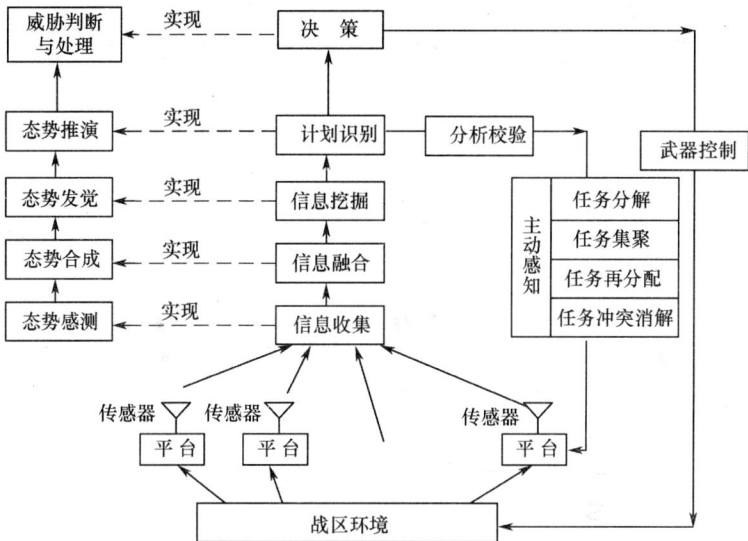

图 1.2.1 引入信息挖掘与主动感知的指控系统模型

方式,借助传感器等工具和手段进行感知。不同个体的感知速度、阈值和结果是不同的,它受个体能力的影响,与心理素质、训练和经验等因素有关。通过感知进入认知域的信息和数据经过过滤后有两方面的用途,一方面是用于下一步的认知活动,另一方面是经处理后返回信息域。

(2)态势合成。先对信息进行融合,然后将融合中心获得的数据在空间和时间进行情景复合,形成战区态势描述。

(3)态势发觉。对当前现实和动态环境的一种解读,反映对外部要素的把握,是感知和先验知识进行复杂相互作用的结果。态势发觉包含三层意思,一是对特定情境中要素的理解,二是这些要素相对目前考虑的问题的意义和状态,三是这些要素的状态在近期的变化。

(4)态势推演。比理解更深一层的认知活动,具有更充分的知识,表示对态势的深入的把握,可以推断态势的演变方向和导出对未来的预测,可推出不同行动对态势的影响并获得态势的演变

9

结果。

1.2.2 Imisec 指控系统模型的构成和功能

1.2.1 节已经给出了 Imisec 指控系统模型的框架,本节就其各组成部分的构成和功能进行分析。

在由信息收集环节、信息融合环节、信息挖掘环节、计划识别环节和主动感知环节构成的闭环控制模式中,信息收集环节的作用相当于指控系统闭环控制的探测装置;信息融合环节的功能是对信息收集环节探测到的作战环境信息进行融合处理以获得状态估计和目标属性,为信息挖掘环节、计划识别环节提供进一步融合的结果,为主动感知环节提供反馈的依据。这几个环节相互联系、相互作用、相互制约,形成了一个具有反馈机制的、实时调整的闭环指挥控制系统。

1. Imisec 指挥控制模型信息收集环节

信息收集环节包括了用以观测战区的大量的地理分布式平台安装传感器系统。这些平台提供了关于观测事件、被探测物体等的传感器报告,提供传感器报告的目的是协作地感知、采集和处理网络覆盖的地理区域中感知对象的信息,并发布给相应的观察者。通过它的作用将作战环境中目标对象的状况实时检测出来,这些被检测出来的数据是信息融合的主要来源,它和其他数据源(人工情报、通信情报和作战计划等)一起共同构成信息融合系统的数据输入。

信息收集环节中传感器系统的配置(结构、种类、个数和工作方式等)要满足系统功能的要求,因此要分析目标特性(如雷达照射截面、发射物、信号特点、有效辐射功率等)、运行环境(如恶劣天气、严重干扰、高度密集的目标等)和遥感需求(如距离、精度、空间分辨率、更新率等),建立传感器性能矩阵(性能与需求比较),通过该矩阵对备选的传感器组进行选择。

确定独立传感器运行性能的主要特征有[17]:

(1) 空间覆盖区(覆盖范围、瞬时视野)。

（2）搜索作业（空间搜索模式、时间更新率）。

（3）有源或无源作业。

（4）协作或非协作作业。

（5）位置测量特性（维数、空间精度及分辨率、瞄准线视轴及准线）。

（6）属性测量特征（感测参数、测量精度及清晰度）。

（7）作业距离（探测距离、连续跟踪距离、分类或识别距离）。

信息收集环节配置的传感器系统的结构可以是有线的或无线的、同构的或异构的、集中式的或分布式的（或混合式的）、单融合中心的（集中式）或多融合中心的（分布式）、单一平台的或多平台的（如星载、机载、车载、舰载、地面和水下等），通过通信网络连接构成传感器网络。

2. Imisec 指挥控制模型信息融合环节

信息融合环节的功能是对传感器系统探测的作战环境的信息进行融合处理以获得状态估计和目标属性，它在探测信息量有限的前提下，选择一定的融合准则和融合算法进行融合优化，以获得在该条件下，较为精确的状态估计（航迹、协方差阵等）和目标属性（威胁程度），这些融合结果为后续信息挖掘、计划识别以及主动感知环节的运行提供了重要依据。

信息融合环节从分散的传感器收集数据并快速生成覆盖整个战场的合成态势图像，从而驱散"战场迷雾"，最大限度地获取战场信息，掌握战场形势，实现战场的"透明化"。数据融合的目标，在于对每个传感器获得的局部态势图像进行融合，从而完成全局态势图像的合成，多幅图像连续叠加将可以描述出作战态势演变的整个过程。

3. Imisec 指挥控制模型信息挖掘环节

由于当前指控系统中的信息处理环节无法发现数据中存在的关系和规则，仅仅凭借指挥人员自身的专业知识和作战经验，难以从海量的战场信息中迅速、准确地获取清晰、有用的战场信息，因此在信息挖掘环节，利用信息挖掘技术对指挥控制系统中的信息流进行综合分析与推理,提取、挖掘并表达出蕴涵在作战信息中、事先未知的、能够满足指挥员需求的作战信息。

4. Imisec 指挥控制模型计划识别环节

计划(意图)识别可以根据观察到的片断、琐碎的现象,推出具有合理因果关系的、完整的、全面的计划描述,深层次地挖掘作战空间中敌方非表象的在作战演化过程中隐含的敌方作战计划和作战企图。在人工智能领域中也称为规划识别,军事领域中由于特指识别敌方的计划,故称为"计划识别"。计划识别乃至整个态势信息融合体系,都是军事作战指挥与控制过程中的一部分,最终为指挥员决策所服务。因此,研究计划识别技术在军事领域中的应用,不仅需要理解其在态势信息融合体系中的层次和作用,更需要充分理解其在整个指挥控制过程中的地位与意义。

5. Imisec 指挥控制模型主动感知环节

在传感器网络环境中,通常包含有大量不同特性的传感器系统(雷达、红外等),由于工作机理不同,不同传感器的探测能力差异很大,难以无缝覆盖,这使得作战空间内必然存在着许多探测"漏洞"。随着目标对象(作战环境)情况的不断变化,信息收集环节探测的信息也发生变化,随之而来的是目标跟踪、属性识别的精度改变(提高或降低),一些目标的威胁程度也在变化(强或弱),使用武器优先级情况也不例外。

所有这些将导致探测数据经过融合处理后,仍然不能满足预期的性能指标,这时就需要通过主动感知环节调整传感器的资源配置,以使各传感器处在最佳工作方式,这样做的优点在于在满足预期的性能指标的同时,又不至于导致传感器资源的浪费。因此,主动感知环节在指挥控制系统的闭环运行结构中起着不可替代的反馈调节作用,借助主动感知作为反馈环节而形成的闭环运行系统,将使指挥控制系统始终能处于一种动态的、整体的优化调节过程中。

6. Imisec 指挥控制模型作战协同环节

Imisec 指挥控制模型作战协同环节包括作战平台的协同和交

战武器的协同。未来海上战争的主要样式将转变为海上编队在"网络中心战(Net – centric Warfare, NCW)"的模式下进行分布式协同作战。在网络中心战环境下的海上战争,战场态势复杂,信息瞬息万变,武器种类繁多,如何完成陆、海、空等多个平台上的多种武器有效地协同作战是一个极其复杂的问题。多平台协同指挥控制方法可以分为集中式控制与分布式控制,集中式控制能够从全局对问题进行求解,但需要各作战平台不断将自身状态与探测到的信息传回中央节点,中央节点经过集中计算与规划后再将任务指令下达给各平台。

1.2.3 Imisec 指控模型态势分析的闭环运行

指控系统中的态势感测属于战场感知的范畴,主动感知则体现了战场态势不断发展中的自适应调整过程,该过程直接导致态势合成、态势发觉以及态势推演过程的反复。

对指挥员而言,态势合成、态势发觉以及态势推演是作战态势分析与决策所关注的主要内容。

态势发觉是从态势合成图中获得作战实体、实体的聚类(群)、实体(或群)发出的行动(或行动序列)、实体之间、群之间体现的静态和动态关系的过程。

态势推演是从对态势发觉中获得的各种实体关系中体现的战术计划(目标的意图)到各子目标共同体现的递进的高层战役或战略计划(目标的意图)的识别过程。

从功能上而言,指挥控制主要体现为"情报的收集与处理、态势的生成与共享、计划的制订与执行、行动的执行与结果"四个方面,部分军事人员甚至认为指挥控制主要就是一个反应式规划和计划识别的循环过程,认为战争博弈的关键是在对敌方的计划或意图进行准确的识别问题上,即如何根据已有的战场实体、实体的行动、实体之间的关系,判断其战术乃至战役、战略目的与意图[18]。

信息战条件下,从战场态势信息的融合过程出发,可以更清晰地体现指挥控制与融合体系、意图(计划)识别之间的关系,指挥员根据要实现的任务实施任务规划,实现计划制订,各级指挥员根据制订的计划来展开军事行动,行动的结果导致战场态势的演变,态势的变化进一步通过战场感知反馈给指挥员,并通过情报的收集处理、态势的多维表现与生成、作战视图的共享与交互等手段提供指挥员对当前态势的理解,之后,指挥员根据信息的综合判断实现对敌方意图(计划)的识别,并进行敌方计划所带来的威胁估计[19-21],根据所受威胁进行我方作战规划的调整或修订(即"反应式规划"),如此循环,最终体现出一个完整的指挥控制过程。

1.3 国内外指控系统智能化的研究现状

1. 指控系统智能化基础理论研究

指控系统的理论研究一直受到广泛关注[22-25],目前,美国的乔治梅森大学、弗吉尼亚发明技术中心、国防通信局、洛克希德等研究机构,以及 Stephen J. Andriole、John W. Sutherland、Robert G. Eisenhardt 等学者在用于指挥控制的智能系统方面已经做了大量的理论研究工作,提出了一些研究设想。文献[26]介绍了西方发达国家在"指控环境中专家系统向智能系统技术的过渡"、"用于指挥控制的智能系统"、"用于情报报文分析的自然语言处理系统"、"下一代决策支持的先进信息技术"、"计算机辅助系统工程在多学科指挥与控制中的应用"等方面的最新研究成果。

在国内,翟文军[27]等就指挥和控制中的多传感器数据融合及人工智能特征开展了研究,赵晓哲[28]就指挥控制系统中的自然智能和人工智能进行了分析。

2. 利用多智能化技术改进指控系统以及数据融合过程研究

张玉册等[29]就全分布式人工智能技术在舰艇指控系统中的应用开展了研究,陈永科[30]等给出了基于多智能体的一体化联合作战指挥控制系统仿真方法,构建了作战想定开发环境,结合一体化联合作战的指挥模式,分析了基于多智能体的指挥控制仿真系统的运行体系结构。

在利用多智能化技术改进数据融合过程方面,我们[31]利用多智能体技术进行了协同信息融合系统研究,其他一些研究人员也开展了类似的工作[32, 33],黄树采等[34]就基于多代理技术的防空监视网络传感器协作管理方法进行了研究,针对防空监视网络的传感器管理问题,讨论了基于多代理技术的协作管理方法,结合防空监视网络传感器的功能,设计了传感器代理的结构模型,通过传感器代理之间的相互协商来实现传感器资源的管理。

传感器管理方法的研究一直是一个热点[35-48],一些研究人员在将多智能体技术引入传感器管理方面进行了尝试[28-30],这些论文针对混合式传感器管理结构存在的问题,提出了基于多代理技术的混合式传感器管理结构,该结构较好地克服了混合式管理结构中在融合中心存在的瓶颈问题,通过多个传感器代理、融合中心代理之间的相互协商来实现传感器任务的分配。

3. 信息挖掘在指控系统中的应用研究

美国国防部于2001年7月向国会提交了《网络中心战报告》,该报告中提出的网络中心系统指的是一个利用通信系统和计算机系统组成的信息栅网,它将分布在陆、海、空、天的各种侦察探测系统、指挥控制系统和打击武器系统有机结合,形成统一、高效的作战体系。其中指挥控制系统是网络中心战系统最关键的环节,来自传感系统的信息大量地流向指挥控制系统,指挥控制系统的任务就是快速消化这些数据,作出正确的决策并将决策传向武器控制平台,对敌人实行快速、有效的打击。在这个环节中,快速处理信息、避免信息的堵塞、充分利用信息是非常重要的。为此,美军将作战信息处理技术列为2035年之前美海军十大关键技术之一,指出作战信息的三大要素是覆盖全球的信息基础、作战信息内容与有效使用作战信息。在强调作战信息理解是取得信息优势,进而取得战争优势的核心技术的同时,将把商业数据提取技术用于军事,探求信息理解的理论与技术作为指控系统发展的重点方向。美国国家研究委员会在其系列咨询报告《2000—2035美国陆军技术》中指出:知识发现是在信息战中取得信息优势、加深信息理解、提高作战能力的主要支撑技术之一,可见其对于该技术的重视程度。

国内方面,唐晓萍等[52]就信息挖掘技术及其在指挥控制系统中的应用开展了研究,其他一些作者也开展了类似的研究工作[53-55]。

4. 作战空间目标状态信息挖掘与作战意图和计划识别研究

西安电子科技大学的李伟生、王宝树以及其他单位的研究工作者就态势估计中的目标编群方法开展了研究,包括基于模糊集理论的目标编群方法[56]、聚类分析方法[57]、Dempster – Shafe 证据推理方法[58]等。

意图识别方面已开展的研究包括对敌军行动意图的判断[38,39]、辨别敌方意图和作战计划的过程[61]、指出敌军的行为模式、推断出敌军的意图[62]、确定敌方意图的征候[63]、判断目标攻击企图[64]、判断目标攻击方向[65,66]、进行目标威胁预警[67]等,这方面的综述可参考王端龙[68]等就对敌战场意图识别的若干问题所进行的归纳,在该文献中详细给出了敌战场意图识别的典型算法的总结,其中涉及到基于条件事件代数方法、基于规划识别的方法、基于多值逻辑理论的方法、基于人工智能技术的方法(包括专家系统方法、知识库系统方法等)、基于不确定推理的 Dempster – Shafer证据推理理论方法、基于逻辑推理方法(包括模糊集合理论、品质因数法、其他逻辑表示形式及推理方法)、神经网络方法等。

其中比较有代表性的研究工作包括:姚春燕、胡卫东、庄钊文等的基于模糊数学的二维模糊空间态势估计知识处理方法[59]、曾鹏、吴玲达、魏迎梅等的战术计划识别模型的分析描述与设计[69],李伟生、王三民、王宝树等的基于计划识别的态势估计方法研究[70],胡泊、王三民、王宝树等的基于智能规划的计划识别模型分析[71],杨洋、陈小平等的基于事件序列的计划识别算法[72]等。

5. 指控系统中智能化决策技术研究

国防科学技术大学出版社于 2006 年出版了蔡自兴和姚莉两

位教授的《人工智能及其在决策系统中的应用》[73],其中对指挥控制过程和决策中的智能化方法进行了详细的阐述,类似的研究还包括胡润涛、王长缨、姚莉等的基于智能主体的决策资源管理研究[74],姚莉、张维明、徐振宁等的群体协作求解系统的设计与实现研究[75],姚莉、汪浩的等的关于智能化的军事决策[76]研究等。

在智能信息系统中的信息及知识流的建模方面,张全海、施鹏飞等研究了基于本体的多智能体知识共享和协作[77],秦炜、杨少军等研究了协作学习过程中的知识积累与共享[78],窦万春、刘茜萍、蔡士杰等就面向认知协作的知识流进行了分析与研究[79]。

6. 作战协同方面的研究

协同作战能力(Cooperative Engagement Capability,CEC)是一个由软件和硬件共同组成的系统。其主要功能是实现空中目标信息在舰艇编队中的分发与共享。CEC 将作战部队的传感器联入网络,使作战部队能够共享高精度的火控级信息,克服单个传感器的限制,改进信息态势。

CEC 概念原本是美国海军在冷战时期针对防御敌方远程巡航导弹的攻击而提出的研究课题,现在其思想和概念已经为美国政府和军方所广泛认可和接受。近年来进行的一系列 CEC 演示取得了预想的效果。其他军兵种也在积极地参与 CEC 项目,并在其新研制的装备中预留与 CEC 设备的接口,或者对已经在役的关键性武器装备进行改造,与 CEC 装备集成,以便在将来的作战中与美国海军的战斗群建立 CEC 网络,以提高联合作战的效能。CEC 网络技术已经成为美军联合作战互操作性的重要保证手段。

这方面,国内的一些学者也进行了相关研究[80-83]。

第2章　任务描述

指控系统的运行是以作战任务为中心的,建立标准的作战任务描述模型是实现作战中指挥和控制的基础。这里将用任务模板对作战任务进行描述,并参照美军联合作战任务清单,建立作战任务分类。

2.1　任务的概念

交战任务的特点是:

（1）参战兵种多样化,执行任务样式多,任务执行不确定性因素多。由于高度对抗的作战空间,各种任务的执行条件、环境描述和评估量化的方法在各军兵种中不一样,任务具有不确定性。

（2）任务之间具有关联性。有些任务不是单一资源、单一固定军事单位甚至单一军种能独立完成的,需要协作完成,资源之间具有关联性。任务之间由于受环境、态势、进程等约束,任务之间和任务与资源之间具有关联性。

（3）执行同一任务的方式随执行任务的资源不同而不同,同一资源对不同任务的执行方式不同,执行任务的约束不同。且同一任务可以由多种资源执行,而同种资源又可以执行多种任务,任务和资源能力的交叉化增加了任务集成复杂性。

（4）任务具有分层性,根据任务的目的和规模,可以分为战略、战役和战术任务。高层次作战任务可以通过若干低层次作战任务来实现。作战任务可以根据战争的层次和目的进行分层,形成一个完整的任务树。

（5）军兵种之间因长期在本领域内发展造成协作困难,特别是在作战条令和作战方式的不同,又缺乏联合作战条令指导的情况下,对任务的描述方式不一样,没有规范的能被各军兵种所广泛接受的标准化的作战任务描述方法,将不利于作战组织中的交流协作。

由于作战任务的以上特点,任务描述困难,在作战组织中对任务的描述还大多停留在想定推演基于案例阶段。由于作战主要参考作战仿真领域任务描述方法,在作战仿真模拟领域,任务一般使用想定描述,最后化为仿真对象的一系列具体行为操作的集合,任务的最小粒度是不可再分的活动,如"发射导弹"。仿真模型中大多是预先设定规则,根据仿真对象之间交互,仿真模型产生动作构成一个完整的任务,多个动作构成任务。如作战想定描述的 5W 原则为 Who(作战资源)、When(何时)、Where(到达何地)、do What(做什么)、hoW to do(怎样做)[31],也即任务的描述原则。

在美军使命空间概念模型(Conceptual Models of the Mission Space,CMMS)理论中,使命是战争实体担负的责任,使命空间是具有相同战争目的和行为准则的任务集。任务是具有明确意图的最小行为单元,由若干具体行动构成,是为达到某种目的而形成的行动集,使命和任务具备可分解为行动的能力。在 CMMS 中任务描述,包括任务的一般描述、计划事项、执行事项、任务的时间关系视图、战术选项和任务列表等信息。使命空间概念建模中使用实体、动作、任务和交互之间产生动作,一个或多个动作组成的具有明确意图和目的的行动过程称为任务,多个任务又可构成使命。任务能力空间是与建模语言无关的通用方法。具体应用中,兵书一号采用面向对象的方法使用任务框架描述任务,任务框架通过动作框架分解任务并把任务映射到实体[84];兵书三号把知识获取过程分为结构化和形式化两个阶段,分别用军事语言和形式化语言描述任务,把结构化知识进行形式化描述[85]。

在美军的国防体系结构系列文件中,以 C⁴ISR 核心数据模型、国防数据目录系统、UJTL 和联合作案体系结构为通用资源,用作战视图高级作战概念图、作战节点连接能力描述、作战信息交换矩阵指挥关系图、活动模型、作战规则模型、作战状态转换描述、作战事件/跟踪描述 7 个产品从多个方面描述作战视图,使用 IDEF0、UML(Unified Modeling Language)和 XML(Extensible Markup Language)多种方法表示这些产品,描述任务,支持 C⁴ISR 产品开发。

在军事实时系统的仿真方面,使用了 TGM(Task Graph Model)对实时系统的任务进行描述。模型中的重要部分就是实时的任务,量化方法把仿真任务定义了 4 种参数,任务的参数主要由 4 部分组成,即时间参数、功能参数、互连参数及资源需求参数,将任务分为子任务,使用任务图模型更利于描述[86]。在系统工程中,使用图论的成果发展了系统网络方法,可使用节点表示工序,边表示工序属性和工序之间关系,该方法在工程项目管理领域使用较多。

在具体任务描述语言方面,主要方法有 IDEF0、Petri 网、UML、SysML(Systems Modeling Language)和 XML Schema 等方法,每种方法各有优缺点,并且各种模型之间可以相互转换[87]。

通过开发基于模板和案例相结合的作战文书生成方法,输入任务初始化条件和作战决心、约束条件等信息使用 Microsoft Word 中内嵌的 VBA(Visual Basic for Application)功能自动生成作战文电,并附人工标绘的首长决心图、兵力突击图和兵力协同计划表,在经修改后可作为作战任务命令下发。

作战组织中指挥参谋人员根据领受的任务信息,习惯采用自顶向下的结构化描述方法,依据一定的约束和作战目标,对任务进行分解和规划,把领受的作战任务分解后分配到具体执行任务的下属部队,并组织各执行资源之间的关系。根据指挥参谋人员使用特点,这里采用任务模板的方法描述任务。

2.2 任务模型描述

从执行作战任务的过程对作战能力需求出发,为了方便作战组织中各指挥参谋人员以统一标准和规范的方式对作战任务进行描述,可以选用基于模板的作战任务描述形式。作战任务模板描述的形式相对简单,作战人员容易掌握,描述方便、快捷,可以使用图形化的参数设置方式由指挥参谋人员配置。一个作战任务模板描述为[88]:

任务 OT 是指为达成特定的目标(Goal),在一定的条件下为达到一定的目标而进行的一系列相互关联的子任务(活动)集合,是一个军事单位领受的任务可以分解为子任务集合,可形式化为三元组 OT = < OTO,SubOT,OTR >,其中 OTO 表示作战任务的目标集合,SubOT 表示为了实现相应的目标而执行的子任务集合,OTR 表示子任务间的关系。

(1) 作战任务目标 OTO 是在任务的成功执行后达到的一种特定状态。其可定义为 OTO = {oto1,oto2,…,otom},其中 $m \geq 1$。从作战任务的整体来看,不同的目标对整体任务完成的影响也不同,可以通过定义目标优先级来反映目标的重要程度,OTOW = {otow1,otow2,…,otowm},其中 $m \geq 1$。同时反应到完成相应目标的子任务的重要程度,如各子任务的紧急程度、任务目标对整个任务的重要程度,可以依此确定任务执行的优先级。

(2) 作战子任务 SubOT 是作战任务的基本组成要素。它是指在满足一定的条件下,根据一定任务分解规则,可由具体的作战资源根据一定的作战规则执行的过程动作或明确执行方式的子任务,可以继续分解,其可形式化为九元组 SubOT = < SubOTObj,SubOTId,SubOTName,SubOTStu,SubOTRe,SubOTCont,SubOT-Time,SubOTPlace,SubOTCap >,其中:

SubOTObj 表示子任务的目标,它是作战任务目标的组成部分,通过子任务目标的达成来共同完成作战任务的目标,有 SubOTObj ∈ OTO,根据本级任务目标,可以继续分为下一级子任务目标。

SubOTId 表示子任务的编号,根据任务层次结构和约束规则进行编码(全局唯一标识),并能根据编码判断任务的分解层次、任务结构、属性,在本文中使用 T_i 代表任务号。

SubOTName 表示作战子任务的名称,任务名称应简洁明了,参照统一的作战任务清单确定,尽量与作战任务区分的类型名称相统一。

SubOTStu 表示子任务的状态,其可表示为 SubOTStu = {Wait, Run, Stop, Finish},其中 Wait 表示子任务处于等待状态,Run 表示子任务处于执行状态,Stop 表示子任务处于中止状态,Finish 表示子任务处于完成状态。

SubOTRe 表示执行子任务的资源组合,在任务未分配时为空,完成分配后为对应资源,SubOTRe = [OR1, OR2, ⋯, Ori]。

SubOTCont 表示子任务的约束,是指描述子任务发生的约束条件,如物理环境条件、军事环境和人文环境条件等,执行时机和其他一些约束等,可以使用 if – then(如果)、while(当)、unitl(当)等描述,表示在不同态势下的任务选择。

SubOTTime 表示子任务的时间条件属性,包括任务的开始时间、执行时间、结束时间,也可以用任务之间的时间序列关系来反映。

SubOTPlace 表示子任务的空间条件属性,任务执行区域和与其相关要素。

SubOTCap 表示子任务的能力需求,是指完成 SubOTObj 所必须具备判定功能能力,其定义为属性向量 SubOTCap = [SubOT-Cap1, SubOTCap2, ⋯, SubOTCapn],其能力参数与作战资源能力参数相对应,任务能力需求由任务执行条件,作战目标和战场态势等因素共同决定,由此映射执行任务的资源。

(3) 子任务间关系 OTR 是指子任务之间的逻辑关系。其可定义为 OTR = {Se, Co, Cn, An, Or, Sy, Cy}[89],由任务关系确定任务执行顺序和任务间协作和集成策略,任务间关系是由各作战目标性质决定的,其中:

Se 顺序关系:作战任务关系中对于 $\forall T_i, T_j \in T(i, j = 1, 2, \cdots, n,$ 且 $i \neq j)$,存在顺序关系 $Se(T_i, T_j)$,如图 2.2.1(a)所示,表示只有当作战任务 T_i 结束后,作战任务 T_j 才能开始执行。

Co 并发关系:作战任务关系中若 $\exists T' = \{T_{i+1}, \cdots, T_{i+m}\} \subset T$

且 $m \geqslant 2$，$T_i \notin T(i=1,2,\cdots,n)$ 存在并发关系 $Co(T_i,T')$，如图 2.2.1(b)所示，表示作战任务 T_i 执行完毕后，能够使集合 T' 中的所有任务都能执行。

Cn 条件关系：作战任务关系中对若 $\forall T_i \in T$，$\exists T'=\{T_{i+1},\cdots,T_{i+m}\}$，满足 $T' \subset T$ 且 $m \geqslant 2$，$T_i \notin T(i=1,2,\cdots,n)$ 存在条件关系 $Cn(T_i,T')$，如图 2.2.1(c)所示，表示作战任务 T_i，结束后，在一定判定条件下，有两个或两个以上作战任务的集合 T' 中，选择其中之一进行执行。

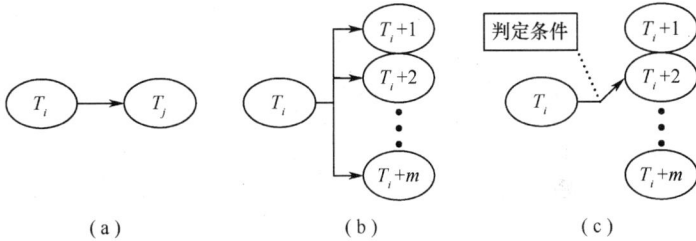

图 2.2.1　任务间顺序、并发和条件关系

An 与关系：作战任务关系中若 $\exists T'=\{T_{i+1},\cdots,T_{i+m}\} \subset T$ 且 $m \geqslant 2$，$T_i \in T$，$T_i \notin T'(i=1,2,\cdots,n)$，存在与关系 $An(T',T_i)$，如图 2.2.2(a)所示，表示作战任务集合 T' 中的所有作战行动完成后，作战任务 T_i 才能执行。

Or 或关系：作战任务关系中若 $\exists T'=\{T_{i+1},\cdots,T_{i+m}\} \subset T$，$m \geqslant 2$，$T_i \in T$，$T_i \notin T'(i=1,2,\cdots,n)$，存在或关系 $Or(T',T_i)$，如图 2.2.2(b)所示，表示作战任务集合 T' 中的任意一个作战任务完成后，其他作战任务 T_i 都能执行。

Sy 同步关系：作战任务关系中对 $\exists T_1,\cdots,T_m \in T$ 且 $m \geqslant 2$，存在同步关系 $Sy(T_1,\cdots,T_m)$，如图 2.2.2(c)所示，表示作战行动 $T_1,\cdots,T_m$ 的开始和结束都必须同时。

Cy 循环关系：作战任务关系中对 $\exists T_1,\cdots,T_m \in T$ 且 $m \geqslant 2$，存在循环关系 $Cy(T_1,\cdots,T_m)$，如图 2.2.3 所示，表示在一定的判定条件下，在一个或一个以上的作战任务循环。

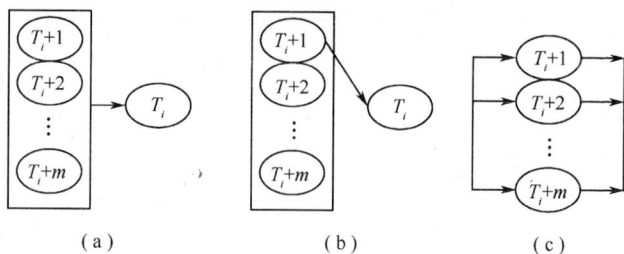

图 2.2.2　任务间与、或和同步关系

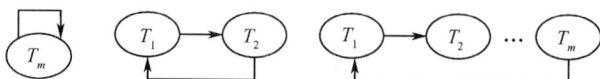

图 2.2.3　任务间循环关系

以上列出了作战任务间的 7 种基本逻辑关系,由于关系具有可传播性,经过关系的推理,可在作战任务之间形成各种各样新的关系,在多任务情况下这种表示方法复杂,不够直观,一般如采用任务网络图的方式表示任务关系,节点表示任务节点,边表示任务之间逻辑约束关系,以此作为作战任务间的逻辑关系的一种方法。

2.3　美军标准化作战任务描述

2.3.1　联合任务清单

美军作战任务清单[90,91](Universal Joint Task List, UJTL)是美军以参谋长联席会议主席手册的形式颁布的指导性法规文件。它为美国联合军事力量提供执行任务的分级列表及任务的定义,提供规范和有针对性的联合作战任务体系,以帮助指挥员确立正确的作战思想和行动指南;为指挥参谋人员提供一种通用、科学的描述联合作战任务的语言和参考标准;对联合作战部队所执行的不同作战任务进行了逐级分解,并用易于理解的分级列表来表达,并包括描述每项任务的环境的公共语言和任务执行情况的度量标准。UJTL 没有说明如何执行一项任务以及由谁来执行任务,它只列举了可以执行的全部任务。

通常把战争划分为三个层次:战略、战役、战术级。

战略层:国家确定国家或多国的安全目标和指导方针,并开发和使用国家资源以达成这些目标。这一层次上的任务要确立国家与多国军事目标;确定优先顺序;界定使用军事及其他国家力量工具的限度并评估其风险;制订达成这些目标的全球或战区作战计划;以及根据战略计划提供军事力量和其他能力。在 UJTL 中,这个层次又分为国家战略和战区战略两个级别,以便为任务的确定与执行提供清楚、明确的框架。

战役层:为在战区或作战区域内达成战略目标而计划、实施和支撑战役与大规模作战行动。这一层次上的活动将战术与战略联系起来,其方法是:确立达成战略目标所必须达到的战役目标,安排达成战役目标所需执行的行动的顺序,开始行动,以及运用资源支撑这些行动。这些活动所涉及的时间和空间范围比战术行动要广阔;它们要确保战术部队的后勤与行政支援,并提供利用战术效果达成战略目标的方法和途径。

战术层:要为达成指派给战术单位或特遣部队的军事目标而计划和实施战斗和交战行动。这一层次上的活动聚焦于各战斗部队相对于其他部队及其敌军的有序部署与机动,以达成战斗目标。

UJTL 适用于联合作战指挥员,它以标准的公共语言描述了全面的作战任务。美军 UJTL4.0 版本如图 2.3.1 所示,纵向表现了不同的战争层次,并在每一层次又继续分解,有些能够达到五级分解。

UJTL 反映了以联合作战任务为牵引的原则,随着战争形式的发展对所有的任务分类细化,建立了作战任务体系结构结构,将典型作战行动制作标准的作战任务模板。无论哪个相应层次作战资源参加作战,都能理解执行相应的任务、执行的条件以及标准,避免误解。另外,UJTL 是技术与战术相结合的产物,反映了美军的最新作战思想,除对常规任务进行区分外,还对信息作战、空间战等新型作战形式的任务进行了细化,在此基础上力求作战任务的

国家战略	达成国家军事战略						
SN1 进行战略部署与重新部署	SN2 开展国家战略情报、监视与侦察活动	SN3 使用部队	SN4 提供支撑	SN5 提供战略指导与整合	SN6 进行动员	SN7 进行部队建设	SN8 促进多国与机构间的关系

战区战略	达成战区与战役战略						
ST1 战区兵力的部署、集结和机动	ST2 实施战区情报、监视与侦察	ST3 使用战区战略火力	ST4 维持战区兵力	ST5 提供战区战略指挥控制	ST6 协调战区部队防护	ST7 确定战区兵力需求和战备状态	ST8 发展并保持联盟和战区关系

战役	达成次要战役与大规模作战行动				
OP1 实施战场输送与机动	OP2 提供情报、监视与侦察	OP3 作战火力运用	OP4 提供作战后勤支援与人力支援	OP5 作战指挥与控制	OP6 负责作战部队防护

战术	达成战斗与交战				
TA1 展开实施与机动	TA2 生成情报	TA3 运用火力	TA4 执行后勤和战斗勤务支援	TA5 实施指挥与控制	TA6 部队防护

通用海军作战任务清单	通用陆军作战任务清单	通用空军作战任务清单

图 2.3.1　美军通用联合作战任务清单 4.0 版

科学规划,使先进的作战理论与技术相结合实现作战任务的优化组合,如使用作战任务模板描述战争的层次、空间结构视图、信息视图等,便于指挥员对战争的理解和统一描述。

2.3.2　典型任务分类

1. 建立任务清单的步骤

UJTL 是联合作战的任务模板,可以指导联合作战任务组织和开发,作战单元据自身的特点和肩负的使命,不同组织应该制订本组织的任务清单。开发任务清单的依据就是本组织在整个军事体系中承担的使命,也就是分配的使命。通过使命分析归纳出:需要执行的任务,如何执行任务,任务执行的参与者、时间和地点。步骤包括:

（1）确定基本任务。在平时,各军事建制单位指挥员认真分析本单位的使命任务,参照海军作战任务分类,确定本组织的基本任务和支援任务。这一步是基于使命的作战需求系统过程的开始,认真回顾本使命和指挥员的评估。基本任务在一个作战单元开始服役就有确定的使命任务,并随着战争的发展而不断发展完善。如某舰具备驱逐舰的基本使命任务,重点提高了防空作战能力。

（2）确定条件。为更加充分地描述使命任务需求,指挥员不仅要确定任务,还要描述任务的执行条件。条件是影响单元、系统或个人执行任务的环境变量。在任务执行中,条件影响任务的方式不同,条件是针对具体任务的,而不是面向整个使命的。条件在以下几个方面影响任务执行:作战条令(如何执行任务)、组织(如何组织实施任务)、训练教育(如何训练相应的组织)、后勤保障(如何组织勤务和装备保障)、领导能力培训(需要的指挥知识技能)。条件对于任务的影响方式是由具体的相关环境决定的,对某些任务影响强烈的条件或许对另一些任务影响微弱或没有影响。对任务影响强烈的条件是有效的。通用联合作战任务清单的执行作战任务条件结构如图2.3.2所示。

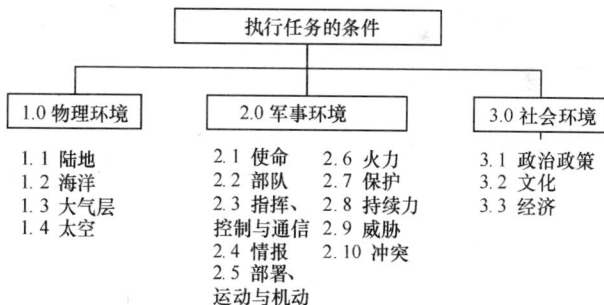

图 2.3.2　任务条件结构图

（3）建立度量标准。确定使命任务信息的最后一步包括选择任务的执行度量和建立相应的度量标准。标准是人们所预期的任务执行的结果、效果,是可以接受的最低限度,是指挥员对任务约束和作战目标的描述。标准由一个或多个任务的度量和及其阀值组成,一般用小时、百分数、英里(1 英里 ≈ 1609.3m)等描述任务指标。

2. 任务分类

立足人员、装备、条令等实际情况,遵循战斗力生成规律,借鉴 MCP 和航空综合体理论模块化、组合化和一体化的思想,参照 UJTL,作战任务划分为 6 类,并在作战任务中初步关联相应的作战资源,具体作战任务有以下 6 类[92]:

(1) 机动与部署。机动是指部队作战时,为争取主动或形成较为有利的态势,有组织地迅速移动兵力或火力;机动的类型分为战略机动、战役机动和战术机动;机动和部署可以细分为机动、部署、增强机动性、削弱机动性和控制重要地域。机动和部署涉及到所有的机动作战资源,特别是海军运输部队如运输船、登陆舰,对机动部署能力影响很大。

(2) 侦察与监视。侦察是指部队为获取敌情、地形和有关作战的其他情报所采取的行动,是作战组织和部队执行任务的前提和保障。根据任务范围可以分为战略侦察、战役侦察和战术侦察;根据活动空间,可分为空中侦察、地面侦察和海上侦察等。监视是指使使用人员或技术器材,对一定战场区域或目标进察看或跟踪的行动。侦察与监视是获取情报并对情报进行分析、判断和评估。侦察和监视可以细分为计划与开展侦察与监视、采集与处理情报、分析和评估情报、分发和融合情报。侦察和监视涉及到主要是带有感知功能的作战资源。

(3) 指挥与控制。是指部队指挥员及其指挥机构对所属人员、装备、通信、设施和军事行动的计划组织、协调、指导和管理等活动,可细分为建立指挥机构、作战态势评估、制度作战计划和指挥部队作战,主要涉及带有指挥功能的作战单元,指挥控制能力和作战资源之间互联互通能力、指挥员指挥水平等因素有关。指挥控制任务贯穿作战始末。

(4) 打击与攻击。是指使用火力手段或电子手段进攻敌人,使敌人遭受杀伤、破坏和挫折的各种作战行动,可以细分为确定目标、执行打击和效果评估。打击效果与作战中打击功能的资源节点,打击攻击能力和武器类资源的性能、数量以及使用方式有关。如某新型导弹快艇雷达探测距离为视距内,但其携带的导弹可以对目标进行中远程超视距攻击,导弹攻击目标指示通过数据链系统传送给该艇指控系统,从而完成导弹攻击,这将有利于提升打击效果。

(5)后勤与保障。是指对部队作战训练、生活、装备等采取的后勤保障和装备保障,包括物资(武器、雷弹、装备、油水、生活物资等)供应、医疗救护、技术维修和运输保障等,后勤与保障直接影响作战能力的持续性和可靠性。

(6)防卫与防护。是指为保存部队的战斗力而适时采取的各类保护行动,使得部队的人员、装备、设施难以被敌方发现、定位、打击和摧毁,可细分为防空作战、防核化生、工事与伪装和防恐怖行动等。

在这六大类任务指导下,按照相应原则,从战略、战役、战术将任务逐级进行分解,进行数字化编码建立一系列标准和任务分类模型数据库,实现不同粒度任务编码的唯一性,建立任务在各种条件下的评估标准,建立作战任务模板。并根据典型作战任务案例和作战流程,建立任务的结构视图、信息视图和过程视图等任务模板,考虑各种条件影响下任务的变化,在综合集成系统应急作战中将任务集成使用。同时将资源数据库和任务模板数据库通过资源使命任务和功能能力进行映射,作战资源对应可能要执行的任务、任务执行的约束条件和达到的目标效果,任务的执行由适应任务需要的不同的能力资源构成的任务综合体完成。根据战争形态发展,不断发展新作战理论,更新作战样式,以任务需求牵引与任务相关的各类资源同步发展,形成能力或更高作战能力作战资源,更新作战任务分类。

第3章 指控系统态势发觉

3.1 信息挖掘的理论基础

随着数据库和网络等信息技术的迅速发展,人们产生和收集数据的能力已经迅速提高。在数据和信息的汪洋大海中,需要新的、更有效的手段对各种大量数据进行挖掘以发挥其潜能,信息挖掘正是在这样的应用需求环境下产生并迅速发展起来的,它的出现为自动和智能地把海量的数据转化为有用的信息和知识提供了手段。简单地说,信息挖掘是从存放在数据库、数据仓库或其他信息库中的大量数据提取或"挖掘"知识的过程,通常又称为数据库中知识发现(Knowledge Discovery in Databases,KDD)。

3.1.1 信息挖掘的功能

信息挖掘的功能主要包括以下几个方面:

1. 分类(classification)

分类是信息挖掘中一项非常重要的任务,分类就是找出一个类别的概念描述,它代表了这类数据的整体信息,即该类的内涵描述,并用这种描述来构造模型,一般用规则或决策树模式表示(该模型能把数据库中的数据项映射到给定类别中的某一个)。为建立模型而被分析的数据元组称为训练数据集,训练数据集中的单个元组称为训练样本,分类是利用训练数据集通过一定的算法而求得分类规则。

2. 关联分析(association analysis)

关联分析是指在数据库中寻找值的相似性,即发现数据之间的关联规则,一般用支持度和可信度两个阈值来度量关联规则的相关性。利用信息挖掘得到的关联规则,只是对数据库中数据相关性的一种描述,在没有得到其他数据验证的前提下,不能保证利用过去数据得到的规律在未来的情况下仍然有效。

3. 聚类分析(clustering)

将数据库中的数据分组成为由类似的数据组成的多个类的过程称为聚类,由聚类生成的每个类是一组数据的集合,同一类中的数据彼此相似,不同类中的数据相异。聚类分析是一种重要的人类行为,它增强了人类对客观世界的认识。通过聚类,可以建立宏观的概念。对于数据库中数据的聚类,可以发现数据的分布模式以及可能的数据属性之间的相互关系。

4. 预测(predication)

预测是利用历史数据找出变化规律,建立模型,并由此模型对未来数据的种类及特征进行预测。典型的预测方法是回归分析,即用大量的历史数据,以时间为变量建立回归方程。在最简单的情况下,回归采用像线性回归这样标准的统计技术,但大多数现实问题是很难用简单的线性回归进行预测,因为要描述这些事件的变化可能需要数以百计的变量,而且这些变量本身也往往是非线性的。

5. 时序模式(time-series pattern)

时序模式是指通过时间序列搜索出的重复发生概率较高的模式,与回归一样,它也是用已知的数据预测未来的值。但这些数据的区别是变量所处时间的不同,所采用的方法一般是在连续时间流中截取一个时间窗口(一个时间段),窗口内的数据作为一个数据单元,然后让这个时间窗口在时间流上滑动,以获取建立模型所需要的训练集。

3.1.2 信息挖掘的方法

信息挖掘的核心技术是人工智能、机器学习、数学统计等,但它并非多种技术的简单结合,而是不可分割的整体,还需其他技术的支持,才能挖掘出令用户满意的结果。具体来说,信息挖掘方法可分以下几类[93, 94]。

1. 人工神经网络方法

从结构上模仿生物神经网络,是一种通过训练来学习的非线性预测模型;它将每一个连接看做一个处理单元,试图模拟人脑神经元的功能,完成分类、聚类、特征挖掘等多种挖掘任务。其最大的优点是能精确地对复杂问题进行预测。相应缺点是:人工神经网络虽在预测方面有用,但却难于理解;人工神经网络易于受训练过渡的影响;构造神经网络要对其训练许多遍,需要花费许多时间。

2. 统计方法

统计学为信息挖掘提供了许多判别和回归方法,包括贝叶斯推理、回归分析、方差分析等技术。贝叶斯推理是在知道新信息后修正数据集概率分布的基本工具,处理信息挖掘中分类问题。回归分析用来找到一个输入变量和输出变量关系的最佳模型,或用来描述一个变量的变化趋势和别的变量值的关系的线性回归,有的用来为某些事件发生的概率建模和预测变量集的对数回归。方差分析一般用于分析估计回归直线的性能和自变量对最终回归的影响。

3. 决策树方法

决策树方法是常用的方法,它可用来数据分析,也可用来预测。决策树(decision tree)用树形结构表示决策集合,进而通过对数据集的分类产生规则。决策树是一个类似于流程图的树结构,其中每个内部节点表示在某个属性上的测试,每个分支代表一个测试输出,而每个树叶节点代表类或类分布。根据训练数据集中数据的不同取值建立树的分支,形成一棵决策树,对其进行反复修剪后转化为规则,该方法可用于对新数据分类。决策树的最大优点在于它的可理解性;而它的缺点是随着数据复杂性的提高,其分支数也增多,管理起来也越来越困难。

4. 模糊数学方法

客观事物往往具有某种不确定性。系统的复杂性越高,其精确性越低,模型性越强。在信息挖掘过程中,利用模糊数学方法对实际问题进行模糊评判、模糊决策、模糊识别和模糊聚类,往往能够取得更好的效果。

5. 聚类分析方法

聚类分析计算方法主要有如下几种[95-98]:

(1) 分裂法(partitioning methods)。给定一个有 N 个元组或者纪录的数据集,分裂法将构造 K 个分组,每一个分组就代表一个聚类,$K < N$。而且这 K 个分组满足下列条件:①每一个分组至少包含一个数据纪录;②每一个数据纪录属于且仅属于一个分组(注意:这个要求在某些模糊聚类算法中可以放宽)。对于给定的 K,算法首先给出一个初始的分组方法,以后通过反复迭代的方法改变分组,使得每一次改进之后的分组方案都较前一次好,而所谓好的标准就是:同一分组中的记录越近越好,而不同分组中的纪录越远越好。使用这个基本思想的算法有 K – Means 算法、K – Medoids 算法、Clarans 算法。

(2) 层次法(hierarchical methods)。这种方法对给定的数据集进行层次似的分解,直到某种条件满足为止。层次法可分为"自底向上"和"自顶向下"两种方案。例如在"自底向上"方案中,初始时每一个数据纪录都组成一个单独的组,在接下来的迭代中,它把那些相互邻近的组合并成一个组,直到所有的记录组成一个分组或者某个条件满足为止。代表算法有 Birch 算法、Cure 算法、Chameleon 算法等。

(3) 基于密度的方法(density – based methods)。基于密度的方法与其他方法的根本区别是:它不是基于各种各样的距离的,而是基于密度的。这样就能克服基于距离的算法只能发现"类圆形"的聚类的缺点。这个方法的指导思想就是,只要一个区域中的点的密度大过某个阀值,就把它加到与之相近的聚类中去。代表算法有 Dbscan 算法、Optics 算法、Denclue 算法等。

(4) 基于网格的方法(grid – based methods)。这种方法首先将数据空间划分成为有限个单元(cell)的网格结构,所有的处理都是以单个的单元为对象的。这么处理的一个突出的优点就是处理速度很快,通常与目标数据库中记录的个数无关,而只与把数据空间分为多少个单元有关。代表算法有 Sting 算法、Clique 算法、Wave - Cluster 算法。

(5) 基于模型的方法(model - based methods)。给每一个聚类假定一个模型,然后去寻找能很好地满足这个模型的数据集。这样的模型可能是数据点在空间中的密度分布函数或者其他。它的一个潜在的假定就是:目标数据集是由一系列的概率分布所决定的。通常有两种尝试方向:统计的方案和神经网络的方案。

信息挖掘方法还有粗糙集法、关联规则、遗传算法,以及近年来的数据可视化方法和联机分析处理等。事实上,任何一种挖掘工具往往是根据业务问题选择合适的挖掘方法,每种方法各有其擅长,要视具体问题选定。

3.1.3 信息挖掘的过程

信息挖掘一般由以下几个阶段组成:

(1) 确定对象。要想充分发挥信息挖掘的价值,必须要对目标有一个清晰、明确的定义,要清晰地定义出问题,确定信息挖掘任务的目标,并根据信息挖掘目标,来判断现有的信息挖掘任务属于哪一种功能类型,从而选择相应的信息挖掘算法。

(2) 数据准备。数据准备阶段又可分三个步骤进行:

① 数据的选择。在大型数据库或数据仓库中选取信息挖掘的目标数据集,即信息挖掘的样本集和需分析的属性集。

② 数据的净化和预处理。包括去噪声,填补缺失的属性值,删除无效数据和重复记录,过滤某属性在规定范围外的取值的记录和不符合某一约束的记录,保持数据的完整性和正确性。

③ 数据的转换。按指定方法组织数据,用数据或逻辑方法构造更能表达数据特征的新变量,根据已有知识得出的限定或减少变量数量,转换数据类型(如将符号数据转换为数值数据)等。

(3) 信息挖掘。在净化和转换过的数据集上进行挖掘。

（4）结果表达和解释。将通过信息挖掘获得的知识以用户便于理解和观察的方式表达出来。

（5）知识的应用。将信息挖掘所得到的知识应用到业务系统中去。

3.2　态势发觉中的目标分群

3.2.1　目标分群的定义

在编队对抗中，敌我双方的兵力都是按照一定的规则部署和聚集，不同态势中的目标实体有不同的组织和空间结构，结构中不同的组成部分起着不同的作用，形成这一结构的过程称为目标编群或聚类。目标编群也称为群形成（group formation）过程，它是态势发觉阶段需要实现的一个重要功能。目标编群策略是一种前向推理过程，其基本思想是根据输入的诸目标单元信息，按照一定的知识采用自底向上逐层分解的方式对描述目标单元的信息进行抽象和划分，形成关系级别上的军事体系单元假设，以便揭示可以帮助确定态势元素之间的相互关系，并据此解释感兴趣的所有元素的特性。

态势发觉中需要利用提取的态势特征元素，把平台按照空间和功能进行分群，从而帮助指挥员做出正确的决策。在不同的战场态势中的战场目标具有不同的组织和空间结构，结构中不同的组成部分起着不同的作用，态势发觉是态势估计[99-106]要完成的主要任务之一。

目标分群将关于目标对象的可用数据按空间、功能及相互作用等属性逐级分群，以揭示目标之间的相互联系，确定相互合作的功能，从而解释问题领域的各种行为。战场目标分群的形成过程是以数据驱动的前向推理过程，即将规则应用于有效数据以产生一个可推理的假设结构。因此，基于一定的规则是目标分群的主要特征。分群的基本思想是对有用的数据进行分组，以便后续评估确定态势元素之间的相互关系,并能够据此从各个层次解释战场态势的行为特性。目标或群之间的空间距离是用于分群的重要属性。

3.2.2 目标分群的层次

目标编群将关于目标对象的可用数据按空间、相互关系等属性逐级编群,以揭示目标之间的相互联系,确定相互合作的功能,从而解释目标态势发觉中的各种行为。群按低级到高级顺序分为目标对象、空间群、相互关系群和敌方/我方/中立方群四个层次[107],如图3.2.1所示。

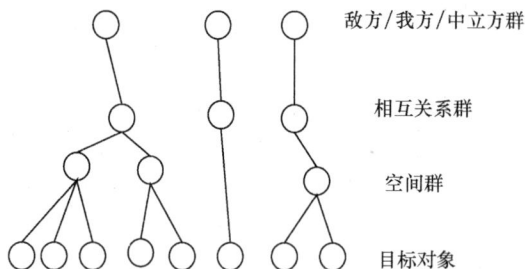

图 3.2.1　目标编群的抽象层次

从低到高各个层次的定义如下:

(1)目标对象:各个目标单元。

(2)空间群:按空间一维或多维簇分类分析而划分的群。

空间位置相近的目标形成空间群,即如果目标在一个群重心的某个距离内,就把目标分配给该群。但是,实际上空间群在空间范围上有很大变化,取决于目标的类型和目标完成的功能。例如,相距30km的两架飞机可能不认为是一个群,而一个舰队群中两艘舰艇之间的距离则可能达到几十千米。针对不同的目标对象,应当分别选取形成空间群的合适距离。为了避免形成可能没有任何战术意义的群,同一空间群中的成员除了空间位置相近外,行为还应该相似,即用尽可能多的参数来分配。用于描述空间群的参数包括编群方式、威胁单元数目、群的范围、每一威胁单元的有关参数(速度、位置等)。

(3) 相互关系群:多个相关的空间群形成一个相互关系群。

相互关系群提供了较高层次的战术态势描述。每个相互关系群都有一个作战目标,通过其多个空间群相互协同作战来实现。这些空间群可能有不同的攻击或防御目标,但它们都是为了实现共同的作战目标。典型的相互关系群有攻击群和防御群。以防御群为例,防御群旨在表示敌方或我方的防御屏障,如反潜防御屏障、防空屏障、电子监视屏障等。描述防御群的参数包括防御群类型、成员、作战方式、传感器或武器的覆盖范围等。

(4) 敌方/我方/中立方群。敌方/我方/中立方群将所有相互关系群按敌方、我方和中立方标识划分为三个大群,形成战场的三个阵营。

空间群是按照位置关系对空间上的目标进行集合划分的,功能群是执行类似功能的在战术上相关的平台组集合,敌方/我方/中立方群则根据平台组的敌我友属性分群,群的形成过程就是目标分群或聚类问题的求解过程。完成基于军事知识基础上的目标编群后,就可以用完全的时空关系状态集表示出当前战术世界的全部实体状态的高层规划、战术信息。这是一个将实时到达的数据结合领域知识进行处理的过程,需要表示领域元素逐级编群的层次数据结构,以及确定群和成员的方法。

3.2.3 目标分群的步骤

设在时刻 t 经过一级融合采集到了 m 个威胁单元 $u_1, u_2, \cdots,$ u_m 的数据,令目标对象集合为 U,即

$$U = \{u_1, u_2, \cdots, u_m\} \tag{3.2.1}$$

式中: $u_i (1 \leq i \leq m)$ 为第 i 个威胁单元在该时刻的状态信息集合。用 n 个属性来描述 u_i ,记 u_i 的第 k 个属性值为 $x_{ik} (1 \leq k \leq n)$,则可用向量 $\boldsymbol{u}_i$ 来描述第 i 个目标:

$$\boldsymbol{u}_i = (x_{i1}, x_{i2}, \cdots, x_{in}) \tag{3.2.2}$$

显然,当属性选定并对每一个目标都赋值后,一个目标对应于 n 维空间的一个点,U 便对应于 n 维空间中的一个点集。

态势估计的目标编群根据诸目标单元信息,按照战役、战术条例、通信拓扑关系、几何近邻关系、功能依赖关系及先验模板等,采用自底向上逐层分解的方式对描述目标单元的信息进行抽象和划分,以形成关系级别上的军事体系单元假设,即

$$U' = \{ \cdots, u_i \cup u_j \cup u_k, \cdots, u_g \cup u_l, \cdots, R_1, R_2, \cdots \} \quad (3.2.3)$$

这些分级是自下向上的,从而形成军事单元的多分类假设,表明该单元下面各级的目标能形成相关的作战单位。其中 R_1,R_2,…是对多军事体系单元假设关系的描述,指事件发生的时间、空间及逻辑上的关系,从而涉及到态势判断时对时间、空间以及因果关系的推理。

目标编群过程是一个逐步求精的推理过程,问题求解的主要难度在于群的递增建立和群结构的动态维护。

分群包括以下两个步骤[107]:

1. 群的形成(group formation)

群的形成可看做数据融合与态势估计之间的过渡阶段,这个阶段任务的目的是将关于目标对象的可用数据按空间属性、功能属性及相互作用属性和敌我关系等逐步分群,以揭示各群成员之间的相互关系,确定相互协作的功能,从而解释问题领域的各种行为。分群过程按由低级到高级的层次划分。

2. 群内目标的处理

(1)发现新目标。加入到现有群中或产生新的群。

(2)跟踪目标移动。检查群的成员是否有效,并根据目标移动的最新状态信息修正群结构中的有关参数。

(3)更新目标。对先前传感器信息进行精确说明或错误更正,重新审核和维护群结构及有关参数,如目标的分批和合批。

3.2.4 编群结构的动态维护

目标编群是一个周期性的形成过程,在每一个决策周期,系统

都接收一级融合的输入，并使用新接收到的数据对目标的位置、状态等信息进行更新。此外，在每一周期传感器可能发现新的目标，也可能失去目标的跟踪，目标或群之间也可能因空间位置变化而发生分批或合批等事件。因此，群结构是一个随时序动态变化的过程，为了对态势元素及其之间的关系进行合理的解释，必须实现群结构的动态维护。

目标编群形成的结构是一种图形结构，如图 3.2.2 所示。

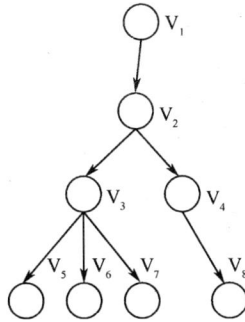

图 3.2.2　一个目标编群的结构

群结构的动态变化包括发现新目标、目标消失、分批和合批等事件。表示这些事件需要在遍历编群所形成图结构的过程中，采用一些规则对图结构进行一定的操作，算法描述如下[107, 108]：

1. 发现新目标

遍历编群形成的图形结构，使新检测到的目标与已存在的空间群相比较，如果该目标与一个空间群的重心在预定义的距离范围内，且其类型与该群成员的类型一致，则把此目标聚类到该群，重新求该群的平均参数，遍历结束，如果这样的聚类没有发生，则产生一个新的空间群。

2. 目标消失

遍历编群形成的图形结构，找到消失目标的节点，删除该节点，重新求该群的平均参数，如果该目标所处的空间群只有该目标节点，则删除该空间群节点，依次类推。

3. 目标分批

遍历编群形成的图形结构,如果某目标节点与其所处的空间群的重心超出了预定义的距离范围,则把该节点从空间群中删除,重新求此空间群的参数,把删除的目标节点看做发现的新目标加入到编群结构中。

4. 目标合批

遍历编群形成的图形结构,计算各个目标节点之间的距离,如果有某两个或多个节点处于不同的空间群,节点间的距离小于给定的阈值,且目标的类型一致,则把这些目标划分到与之距离最小的空间群,并重新求变化了的空间群的平均参数,如果两个空间群重心间的距离小于给定的阈值,且空间群成员的类型一致,则把这两个空间群合为一个空间群,并求新形成群的平均参数。

以上算法在空间群发生变化后,还需按照群结构递增形成算法调整更高层次的群结构。

群结构表示了一定的战术意义,由于其变化比较缓慢,对于目标的分批和合批事件,考虑到在目标数量较多时其检测的计算量较大,为了满足态势估计的实时性要求,可以按照不同的时间间隔在多个周期对各层次的群结构进行处理,如设融合数据处理周期为 τ,则每隔 s 秒进行一次空间群的编群处理,当空间群发生变化或经过 8τ 后再进行相互关系群的划分。

3.3 基于变色龙聚类的目标编群算法

传统的聚类分析是一种硬划分,它把每个待辨识的对象严格地划分到某个类中,具有非此即彼的性质,因此这种分类的类别界限是分明的。然而战场中各个军事单元在性态和类属方面之间的界线不一定很清楚,将基于动态模型的 Chameleon 聚类算法引入到目标分群中,有利于实现目标向空间群的聚类,并在此基础上,按照最近邻原则逐级形成目标编群的算法结构[36]。

3.3.1 变色龙算法的一般理论

变色龙(Chameleon)算法是在层次聚类中采用动态模型的聚类算法。在 Chameleon 聚类过程中,如果两个簇间的互连性和近似度与簇内部对象间的互连性和近似度高度相关,则合并这两个簇。其工作过程是首先通过一个图划分算法将数据对象聚类为大量相对较小的子聚类,然后用一个凝聚的层次聚类算法通过反复地合并子类来找到真正的结果簇。Chameleon 算法模型的合并过程有利于自然的和同构的聚类的发现,只要定义了相似度函数就可以应用于所有类型的数据,由于 Chameleon 算法既考虑了互连性又考虑了簇间的近似度,特别是簇内部的特征,所以可以方便地确定出最相似的子簇。

Chameleon 算法基于通常所采用的 K - 最近邻图方法(K - Nearest Neighbor Graph)来描述其对象,如图 3.3.1 所示。K - 最近邻图中的每个点代表一个数据对象,如果数据对象 A 是数据对象 B 的 K - 最近似对象之一,在对象 A、B 之间存在一条边,边的权重用两个对象间的相似度表示。这样的好处是,距离很远的对象完全不相连,边的权重代表了潜在的空间密度信息。变色龙算

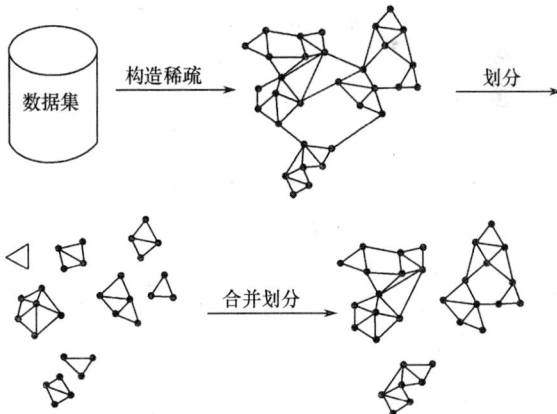

图 3.3.1 基于 K - 最近邻图和动态建模的层次聚类

法将互连性和近似性都大的簇合并,可以发现高质量的任意形状的簇。

K - 最近邻图动态捕捉邻域的概念指的是一个对象的领域半径由该对象所在区域的密度决定。在对象密集区域,邻域的定义范围相对狭窄;在对象稀疏区域,邻域的定义范围较宽。而且,区域的密度被作为边的权重记录下来。所以,一个对象密集区域的边比对象稀疏区域的边有更大的权重。

Chameleon 算法通过两个对象的相对互连性(Relative Interconnectivity)$RI(C_i,C_j)$ 和相对近似性(Relative Closeness)$RC(C_i,C_j)$ 来决定对象间的相似度。下面分别给出以上两个概念的定义。

1. 两个对象 C_i 和 C_j 之间的相对互联性 $RI(C_i,C_j)$

通常,把一个群做最小截断时需要去掉的边的权重之和定义为该群的互连性,一般将 C_i 和 C_j 合并后形成的群的互连性与 C_i 和 C_j 的平均互连性的比率定义为 $RI(C_i,C_j)$。它的计算方法如下:

$$RI(C_i,C_j) = \frac{|EC_{|(C_i,C_j)|}|}{\frac{1}{2}(|EC_{C_i}| + |EC_{C_j}|)} \qquad (3.3.1)$$

式中:$EC_{|(C_i,C_j)|}$ 是连接 C_i 和 C_j 的所有边的权重和;EC_{C_i} 是把群 C_i(或者 C_j)划分为两个大致相等部分的最小等分线切断的所有边的权重和(即将图分为两个大致相等部分需要切断的边的加权和)。相对互连性可以处理群间形状不同和互连程度不同的问题。

2. 两个对象 C_i 和 C_j 之间的相对近似性 $RC(C_i,C_j)$

用 C_i 和 C_j 合并后形成的类的近似度与 C_i 和 C_j 的平均内部近似度的比率定义相对近似性 $RC(C_i,C_j)$。

它的计算方法如下:

$$RC(C_i,C_j) = \frac{\overline{S}_{EC_{|(C_i,C_j)|}}}{\frac{|C_i|}{|C_i| + |C_j|}\overline{S}_{EC_{C_i}} + \frac{|C_j|}{|C_i| + |C_j|}\overline{S}_{EC_{C_j}}} \qquad (3.3.2)$$

式中:$\overline{S}_{EC_{|(C_i,C_j)|}}$ 是连接 C_i 和 C_j 的平均权重;$\overline{S}_{EC_{C_i}}$ 或 $\overline{S}_{EC_{C_j}}$ 是把 C_i 或者

C_j划分为两个大致相等部分的最小等分线切断的所有边的平均权重。近似度是指所有做最小截断时需要去掉的边的平均权重。在合并过程中,优先合并群间近似度与群内近似度相近的群。

以往的聚类分析算法的不足在于它们往往只处理符合某静态模型的簇,忽略了不同簇间的信息。要么忽略了互连性,所谓互连性指的是簇间距离较近数据对的多少;要么忽略了近似性,所谓近似性指的是簇间数据对的相似度(最近距离)。Chameleon 算法同时考虑了互连性和近似性,它的节点表示数据项,边表示数据项的相似度,好处是边的权重代表了潜在的空间密度信息,在密集和稀疏区域的数据项都同样能建模,对孤立点和噪声也不敏感。

3.3.2 变色龙算法目标分群的步骤

Chameleon 算法是一个二阶段算法:第一阶段用图划分算法把 K-最近邻图划分为较小的相对独立的群;第二阶段用一个凝聚的层次聚类算法通过反复合并,可以实现群的聚类。聚类过程中,如果两个群间的互连性和近似度与群内部对象间的互连性和近似度相关,则合并两个群。由于动态模型的合并过程,所以有利于自然的和同构的聚类的发现,且只要定义了相似度函数就可以应用于所有类型的数据。

1. 初始分群的形成

这一阶段用分割式算法把 K-最近邻图划分为较小的相对独立的子群,分为三部分:

(1) 利用低级别融合结果数据集和距离度量来构建一个相似度的矩阵:

数据集 +距离度量 相似度的矩阵

$$\begin{bmatrix} x_{11} & \cdots & x_{1f} & \cdots & x_{1p} \\ \vdots & & \vdots & & \vdots \\ x_{i1} & \cdots & x_{if} & \cdots & x_{ip} \\ \vdots & & \vdots & & \vdots \\ x_{n1} & \cdots & x_{nf} & \cdots & x_{np} \end{bmatrix} + d(i,j) \rightarrow \begin{bmatrix} 0 & & & \\ s(2,1) & 0 & & \\ s(3,1) & s(3,2) & 0 & \\ \vdots & \vdots & & \\ s(n,1) & s(n,2) & \cdots & 0 \end{bmatrix}$$

图 3.3.2 构建相似度矩阵

距离度量通常用来定量地描述观测—观测对或观测—航迹对之间的相似性。距离度量可采用广泛使用的加权欧几里得距离:

$$\boldsymbol{d}_{ij}^2 = \tilde{\boldsymbol{y}}_{ij} \boldsymbol{S}^{-1} \tilde{\boldsymbol{y}}_{ij}^{\mathrm{T}} \qquad (3.3.3)$$

(2) 利用相似度的矩阵构建 K-最近邻图相似度矩阵是整个算法进一步处理的基础,为了便于理解和简化计算,在接下来的计算中采用的是基于图的模型,把相似度矩阵转换成基于相似度的 K-最近邻图,即把数据对象看成是图的顶点,对象之间的相似度作为链接(边)的权重。

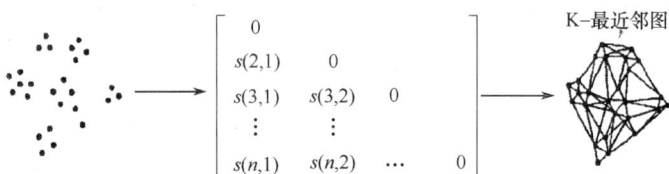

图 3.3.3   构建 K-最近邻图

(3) 以 K-最近邻图及分割式算法求得初始的分群。

图 3.3.4   求解初始分群

依据递归水平,在 K-最近邻图上,做最小截断,用图分区算法将 K-最近邻图反复划分成小的无连接子图。根据最小化截断的边的权重和来分割 K-最近邻图,图上的一个最小截断是指把 K-NN Graph 分区成两个近似的、等大小的部分,使被分区的总权重最小。然后把每一个子图看成一个初始子群,重复该算法直至达到标准。

2. 群的合并

Chameleon 算法通过两个群 C_i 和 C_j 的相对互连性 $RI(C_i, C_j)$

和相对近似性 $RC(C_i, C_j)$ 来决定两个群之间的相似度。访问每个群,计算它与临近群的 RI 和 RC。合并 RI 和 RC 分别超过 T_{RI} 和 T_{RC} 的群对。若满足条件的临近群多于一个,合并具有最高绝对互连性的群。重复以上两步,直到没有可合并的群。

Chameleon 使用两种方法来合并相邻的群:

1)C_i 和 C_j 的相对互连性和相对近似性必须满足用户指定的阈值 T_{RI} 和 T_{RC}。

Chameleon 计算每一个群 C_i 和它邻近的群 C_j 的相对互连性和相对近似性,看是否满足下列条件:

$$RI(C_i, C_j) \geqslant T_{RI}, \quad RC(C_i, C_j) \geqslant T_{RC}$$

若一个以上的相邻群满足上述条件,Chameleon 选择与 C_i 相对互连性较大的群如 C_j 合并。重复这个过程直到没有满足条件的群为止。

2)Chameleon 定义相似度函数,若 C_i 和它的相邻群 C_j 的函数值最大则合并。函数定义为:

$$F(C_i, C_j) = RC(C_i, C_j) \times RI(C_i, C_j)^{\alpha} \qquad (3.3.4)$$

式中:α 是一个 0 ~ 1 的用户指定的参数,减少 α 表示 $RI(C_i, C_j)$ 更重要。若 $\alpha > 1$ 则表示相对近似性更重要。重复上述过程直到没有满足条件的子群为止。

3.3.3 变色龙算法目标分群的算例

一个算例[36]描述如下:设在某一时刻 t 经过一级融合采集到了 5 个空中威胁目标,以每个目标的位置(X, Y, Z),速度(V)和雷达截面为主要状态要素来聚类,如表 3.3.1 所列。

对表 3.3.1 的数据进行计算后,首先可得到相似性矩阵,再依据相似性矩阵,构造出 K - 最近邻图(取 $k = 3$),使用图分区算法将 K - 最近邻图反复分区,形成许多小的无连接子图,再取 $\alpha = 2$,可以得到目标分群结果,如图 3.3.5 所示。

表 3.3.1　输入的目标数据

口标编号	X/m	Y/m	Z/m	V/(m/s)	雷达截面 RCS/m^2
U_1	1105	1608	1012	799	9.01
U_2	877	1549	991	962	12.80
U_3	433	629	1199	800	8.10
U_4	499	781	1201	227	4.0
U_5	1107	1609	970	2000	0.10

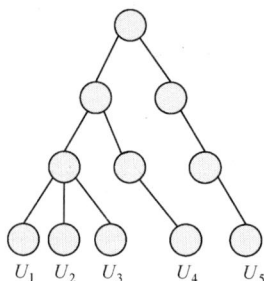

图 3.3.5　目标编群结果

3.4　基于信息挖掘的空间关系发觉

态势估计[108,109]是建立关于作战活动、事件、时间、位置和兵力要素组成的一张视图,将所观测到的战斗力量分布与活动和战场周围环境、敌作战意图及敌机动性有机地联系起来,分析并确定事件发生的原因,得到关于敌方兵力结构、使用特点的估计,最终形成战场综合态势图。其中一个重要方面就是要描述清楚多个作战编队之间的相互关系。

3.4.1　空间关系挖掘的目的

空间关系挖掘的目的有两个[110]:

1. 实现协同关系的发觉

根据掌握的敌方各部队的编成部署情况、目标的类型,敌部队的任务等判断其协同关系,如实施先期火力打击的部队与装甲部队的协同、主攻部队与助攻部队的协同、主要防御部队与其他部队的协同、一梯队与二梯队的协同等。通过对敌协同关系的分析,期望找出作战过程中敌方协同链条上的弱点,以实施有效的打击和破坏。

2. 实现敌方作战序列估计

根据在作战地域范围内敌方各部分队的部署,分析可能的梯队、群队构成。战斗序列中包括主要作战部队、支援部队及保障部队等。由于掌握到的敌情的模糊性、不确定性、不完整性,形成一完整的敌战斗序列是较困难的。

3.4.2 B. Clarke 空间分析方法

目前尚未见到论及态势估计中空间推理算法的专门文献,只是有个别文献对作战单位隶属关系和协作关系的推断上,采用了空间模板匹配法。具体的匹配度量和匹配算子建立在领域专家知识的基础之上,不同的系统有不同的处理方法。空间关系符号表示方法及其简单推理方法可以用于表示基本作战态势情况,适用于构建态势估计的空间推理基础框架。

在 B. Clarke 空间理论中[111, 112],一个基础部分是假设存在一区域之间的基本拓扑关系 $C(x,y)$。为研究区域之间的拓扑关系,引入一个假设,其含义是:当两个区域拥有相同的部分,或者互相接触时,认为这两个区域连接,并且记为 $C(x,y)$;否则,两个区域相离,记为 ¬ $C(x,y)$。区域连接的空间关系具有自反性和对称性的特点,这可以用以下公理加以说明[113]:

公理 1:$\forall x C(x,x)$,对于任意的 x,其自身总是连接的;即区域连接关系具有自反性。

公理 2:$\forall x \forall y (C(x,y) \Rightarrow C(y,x))$,如果 x 与 y 连接,则 y 与 x 也必然连接,即区域连接关系具有对称性。利用区域连接关系,容易得出区域相等的公理。

公理 3:$\forall x \forall y (\forall z C(x,y) \Leftrightarrow C(z,y)) \Rightarrow x = y$,如果当且仅当 z

与 y 连接时,z 与 x 连接,则 x 与 y 相等。

仅仅限于区域连接、相离、相等的空间关系在作战空间关系表示中是不够的,为了清楚、方便地表示作战空间关系,有必要基于上述三种区域关系进行空间关系集合的拓展,结果如表 3.4.1 所列。

表 3.4.1　空间关系表

区域关系	逻辑定义	图形说明
$DC(x,y)$	$\neg C(x,y)$	
$EQ(x,y)$	$\forall x \forall y \forall z(C(z,x) \Leftrightarrow C(x,y))$	
$P(x,y)$	$\forall x(C(z,x) \Rightarrow C(x,y))$	
$PP(x,y)$	$P(x,y) \wedge \neg P(y,x)$	
$Q(x,y)$	$\exists z(P(z,x) \wedge P(x,y))$	
$EC(x,y)$	$C(x,y) \wedge \neg Q(x,y)$	
$TP(x,y)$	$P(x,y) \wedge \exists z(EC(z,x) \wedge (EC(x,y)))$	
$NTP(x,y)$	$P(x,y) \wedge \neg \exists z(EC(z,x) \wedge EC(z,y))$	

3.4.3　空间关系挖掘在态势发觉中的应用

以现代海战为例,敌对双方参与作战的单元已经不是单个平台,而是由不同类型平台构成的海上编队,海战越来越多地表现为编队与编队之间的系统对抗。海军编队是由多个海上平台、水下平台和空中平台构成的多平台、多层次的海上作战力量集合。它可以包含水面舰艇、潜艇和飞机(或直升机)等多种兵力,这些兵力各自的进攻性武器、防御性武器以及侦察探测设备共同作用,在空间上形成了对敌目标所能进行进攻的区域、防御的区域以及探测的区域范围,这些区域共同构成了海军编队的作战空间。因此,海军编队作战空间可以由多种空间形式来表示:

48

（1）编队侦察探测空间,主要取决于编队侦察探测设备的作用距离,又可以分为编队对空、对海和对潜侦察探测空间。

（2）编队进攻区域空间,主要取决于编队进攻性武器的作用距离,又可以分为编队对空、对海和对潜进攻空间。

（3）编队防御区域空间,主要取决于编队防御性武器的作用距离,又可分为编队对空和对潜防御空间。

由于编队构成平台的不同,因此对于编队任意作战空间来说,它都是不规则的。为了简便起见,编队的作战空间可表示为以编队质心为圆心,分别以编队最大侦察探测距离、最大进攻距离或最大防御距离为半径的圆形区域。当编队在不同方向上的作战空间不同时,则可以表示成一个椭圆形。例如表示编队对海进攻空间时,则可以以编队之中的核心舰艇(一般为编队指挥舰)为圆心,以编队中进攻性武器的最大作用距离为半径来表示。两支编队进行作战时,无论反舰作战、反潜战还是防空作战,对于进攻一方而言,它必须力争使另一支编队进入自己的进攻区域空间内,而被攻击的一方若需要防止对方的袭击,就必须力争使自己不进入对方的进攻区域空间。从这个角度来说,两支编队的海上作战,实际上可以表示为作战空间的演化过程,因此可以运用空间理论来对作战过程和作战态势情况进行描述。

对于海上的两支编队而言,其作战空间关系可以用表3.4.1中的8种情况进行表示。假定这里只考虑编队的侦察探测空间,则 $DC(x,y)$ 可以表示两支编队彼此都没有发现对方的情况,而 $EQ(x,y)$ 可以表示两支编队各自都位于对方的侦察探测空间之内,且两者的侦察探测空间是相同的。其他的区域关系也可以表示两支编队作战空间的关系,这里不进行进一步说明。

根据表3.4.1中所列的区域之间的关系,两支编队海上作战过程可以以图3.4.1表示其作战空间的演变关系[110]。

以编队探测空间为例,图3.4.1表示在作战开始,两支编队的探测空间从不相交(用 DC 表示)到相交(用 EC 表示),再到两个编队互相发现(用 Q 表示)。接着,由于两支编队探测空间的不同

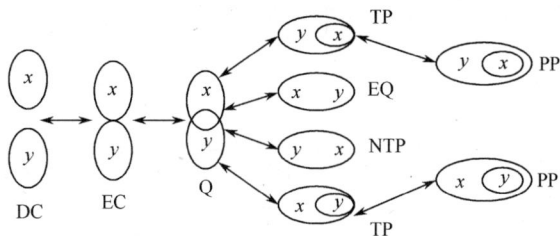

图 3.4.1 作战空间关系演变的符号表示

可能出现多种情况,如 *TP* 可以表示 x 编队的探测空间小于 y 编队的探测空间,其他情况类似,则编队的作战过程中其作战空间关系演变可以用如图 3.4.2 所示的公式表示。

$$\left\{ DC \to EC \to Q \to \begin{Bmatrix} TP \to PP \\ EQ \\ NTP \\ TP \to PP \end{Bmatrix} \right.$$

图 3.4.2 作战空间关系的演变关系

　　根据上述区域关系符号集合,可以用公理化的形式表示区域相加、区域相交、区域的补集和区域的全集等谓词推理运算。

　　该表示方法仅仅是一种定性推理的描述,为了使之能用于态势估计,还必须在此基础上建立编队作战空间方向和距离关系的定性描述,同时,还必须考虑不确定性的影响,在推理框架共性之下,进行编队作战的空间谓词处理。

第4章　指控系统的主动感知任务管理

在对目标进行主动感知的过程中,考虑到在复杂实时动态环境下,由于存在众多约束条件,需要对传感器所在平台的探测任务进行有效规划和管理,以制订出按时间顺序进行的感知资源实体的一个全局连贯且可并发执行的行为序列,为此需要对主动感知的任务管理问题进行研究。

4.1　主动感知任务管理的概述

4.1.1　传感器协同的主要任务

传感器协同的主要任务包括[114]:

1. 空间协同

结合友邻的资源系统信息指示本智能体的作战目标和作战方向,保障整个作战空间对敌方的有效最佳覆盖。协同方案通常在优化某个组合目标函数的基础上形成,组合目标函数是以整个复杂目标环境为背景。在确定目标的相对优先级以及目标向探测器的分配中,必须保证优先权高的目标被分配到探测精度最好的探测器。对监测应用来说,传感器的视野必须有规律地移动(扫描),以搜索和截获新的目标或周期性地再现目标点,获得一条运动目标的航迹。

2. 模式协同

选择信息探测设备的工作模式和相应的工作参数,包括决定信号功率大小、优先级等,以获得最佳探测效果。为了突出所关注的目标,要协调管理各探测器的工作时机、工作方式和时空参数。通过对探测设备的调度,可以把目标有意识地置于不同探测设备的工作范围之内,提高整个系统对目标的综合跟踪能力,包括对传感器的孔径、搜索模式、信号波形、功率大小和处理技术等。如机载雷达的工作方式一般都有主动式、被动式、低截获概率式等,现代先进雷达的可选工作模式、工作参数更是多达十几种。

3. 任务协同

完成探测智能体间目标的交接,以形成对目标的连续不间断探测。

4. 时间协同

根据当前事件、目标状态以及战术原则,预测未来事件,检测或验证所期望的事件。目标跟踪时,可以根据当前目标位置,预测目标的未来位置,控制探测器盯住跟踪中的目标。在跟踪中,随着敌我相对运动态势的不断改变,必须很可靠地预测到何时哪个探测器将丢失目标,这是由于探测器的目标探测能力依赖于探测器的可用性和监测能力。根据各资源智能体的可用性模型,在与其他信息探测智能体进行充分协调之后,可以制订出一个详细的对该智能体进行协调控制的时间进度表。

4.1.2 传感器协同的分层处理

从上面的分析可以看出,多智能体指控系统的协同任务面临非常大的行为决策空间,采用单一的目标优化方法来解决整个问题是不现实的。解决这一问题的有效方法就是将其分解为多个层次的行为,然后采用自顶而下的问题求解策略,由抽象的观点到具体的推理逐步进行。下面的 5 个行为层次反映了多智能体指控系统的协同任务所具有的特征,这些层次涵盖了指控系统的传感器协同任务应具有的功能[115]。

1. 层次 0(传感器控制)

这是层次结构中的最低层,它负责传感器控制命令的实现,即根据控制命令设置传感器的所有相关工作参数。例如,一部多功能雷达可接收搜索、目标跟踪或目标更新等命令,针对每组命令都有一组相应的控制参数。传感器控制的任务就是针对传感器调度器提交的命令,确定恰当的传感器控制参数,使系统的整体性能达到最优。

2. 层次1(传感器调度)

本层针对上层分配的任务,根据各传感器的可用性和能力,为它们分配一个详细的时间进度表,其中包含每个时间段应做的工作。该问题不是一个简单问题,每个任务都有各自不同的特性,如刚性和柔性截止时间,不同的优先级等。

3. 层次2(资源规划)

本层负责将需要完成的任务分配给各传感器。典型的任务有:多传感器多目标跟踪中传感器的选择,为对多个目标同时进行识别而进行的传感器分配,传感器交接,对移动传感器及其平台进行移动规划等。

4. 层次3(资源部署)

为提高系统的感知能力,使其能跟上快速变化的环境,必要时须部署额外的传感器,并对它们进行规划。具体来说,本层负责回答下面的问题:什么时候需要增加额外的传感器? 数目是多少? 将这些传感器部署在什么位置?

5. 层次4(行动规划)

这是传感器协同任务的最高层,它根据数据融合处理结果或操作员的干预确定系统任务。它主要关心以下几个抽象的问题:需要完成的任务(搜索、跟踪和目标识别),达到的精度要求(期望的误差协方差),测量的重复频率,关心的环境区域,目标选择,确定要完成任务的优先级等。

4.1.3　主动感知任务管理的系统结构

主动感知任务管理是前面所述传感器协同的进一步细化,它扩展了对我方探测设备进行任务管理的内涵,使之涵盖了感知任务的分解和集聚、任务的冲突消解以及任务的再调度等方面,以解决有限时间、有限资源情况下的资源分配、系统组织、行为协调等问题。

主动感知任务管理系统框架如图 4.1.1 所示,包括任务分解智能体、任务智能体、调度智能体和资源智能体等,系统运行时具有感知、推理、调度、通信等功能[116],能够满足现代指挥控制系统的动态、离散、异构、敏捷等特性。

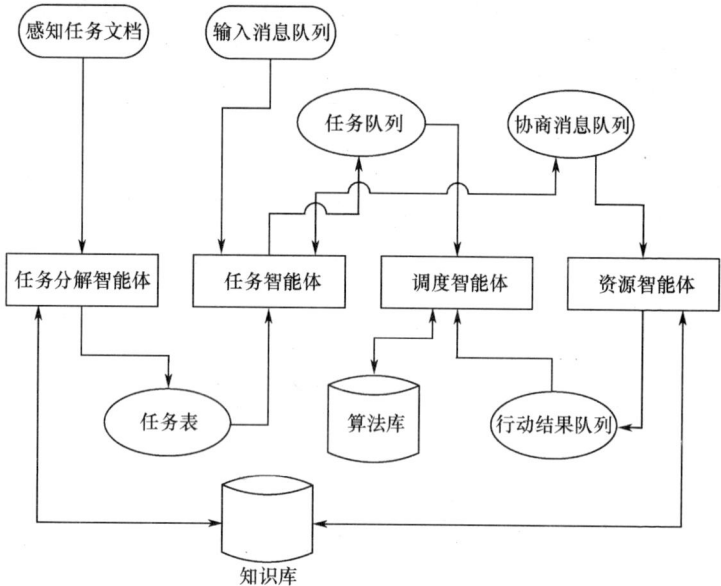

图 4.1.1　基于多智能的主动感知任务管理系统框架

系统的各个相关问题分述如下:

1. 感知任务文档(Task File)

感知任务文档指的是系统需要完成的任务集合以及完成每个任务的期望执行顺序。

2. 任务分解智能体(Decomposition Agent)

开始时接收感知任务,并把分解后的子任务按树型结构列入任务表中。在获得任务指令后,进行任务分解和综合规划,将较高难度的任务分解成为若干较易完成的子任务,安排给相应的智能体来执行。

3. 任务表（Task Table）

分解的任务可以用一个树形任务层次网络来表示。非叶子节点代表任务实体，非根节点代表子任务或者目标完成时的混合任务。每个任务都存储在任务表中，用任务名来索引。

4. 消息队列（Incoming Message）

紧急任务插入或者突发探测感知设备故障时，产生消息进入感知任务管理系统。

5. 协商消息队列（CNP Queue）

协商消息队列是任务智能体和资源智能体进行协商的消息队列，用于制订各资源智能体及传感器的工作状态，监控执行智能体的任务完成情况及整个系统的总体状况，合理调用通信智能体和知识库智能体获取必要的信息，协调各智能体的工作。

6. 任务智能体（Task Agent）

任务智能体负责监督与管理任务的执行全过程。它根据任务表传来的任务列表，针对每个子任务向各资源智能体招标，根据各资源智能体的投标情况，进行效用评估，确定执行各个任务的资源智能体集合，实现任务分配。根据系统的消息队列，进行意外事故的处理。当有紧急任务插入或者突发探测感知设备故障时，任务智能体搜索树形任务节点，找出所有受影响的任务，并和资源智能体进行协商，进行再调度。

7. 任务队列（Task Queue）

任务队列是任务的数据结构，包括完成任务所需的行动，所有任务之间的约束关系，任务的开始和截止时间。

8. 调度智能体（Scheduling Agent）

对任务队列的输入数据进行调度问题优化，其输出是感知子任务进程队列。当调度智能体面对复杂感知调度问题时，将任务队列中的开始、截止时间，约束关系作为初始条件，调用调度算法库，选择适合的优化算法，进行感知调度优化，并且将结果作为感知进程队列输出。

9. 调度算法库(Algorithm Library)

集成一定的算法进行调度优化,包括启发式规则、遗传算法模块和模拟退火算法等算法模块。算法由调度智能体进行初始化,计算后,将结果返回调度智能体,生成优化感知调度队列。

10. 资源智能体(Resource Agent)

资源智能体又被称为传感器代理智能体,直接与感知设备相连接,代表感知设备与外界交谈,根据自身的运行状态和任务状态,和各任务智能体进行任务协商,来分配各个任务并完成各个粗粒度的任务调度,并接收感知进程队列消息,监控该感知子任务在资源设备上实现的全过程。

资源智能体还可以与其他资源智能体进行协商,解决相互间的冲突,并把由于某种原因不能按时完成的感知任务转发给其他资源智能体。通过这样的横向协商,能尽可能地在没有任务智能体的参与下解决所遇到的问题。

11. 行动结果队列(Action Result Queue)

感知行动完成后所返回的数据结构,包括结果标签和结果值。

12. 知识库(KB)

存储资源智能体的能力和活动状态,需要资源智能体定时更新记录,以供任务分解智能体分解任务时查询。

4.1.4 主动感知任务管理的实现步骤

主动感知任务管理的实现包括如图 4.1.2 所示几个步骤。

1. 感知任务的确定

确定问题是主动感知的基础,其目的在于明确描述待处理的问题,包括问题的初始状态信息、各种约束要求(如任务约束、资源约束等)、需要达到的目标和与问题有关的环境信息等。针对应用环境、总体任务、各资源智能体的具体能力,获得明确、清晰的任务描述。

2. 感知任务的分解

在不同的作战行动中,任务需求复杂众多,不同的感知任务需

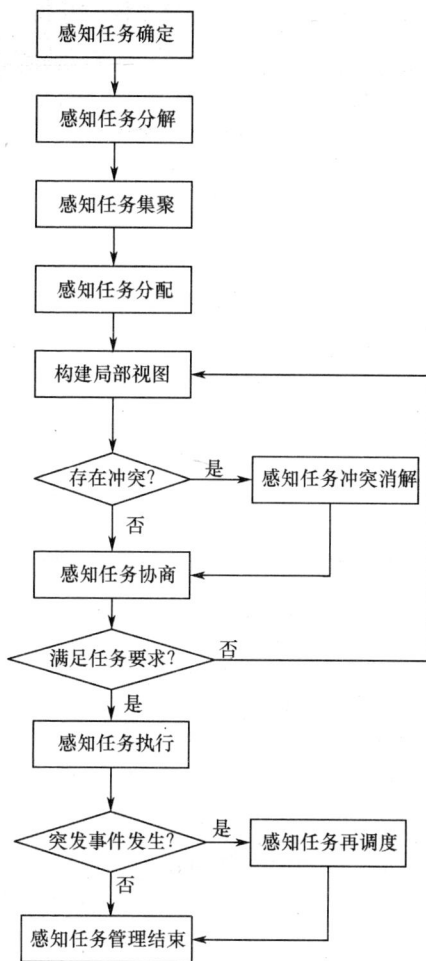

图 4.1.2 主动感知任务管理流程图

要由不同的资源来完成,很多任务还需要由多个资源、多种资源的配合使用才能完成。如侦察监视系统要满足多种形式的情报保障需求,侦察的目标包括了点目标、区域目标、集群目标、移动目标等,有些目标需要具有穿透力或识别伪装能力的遥感器进行侦察,某些目标需要定位跟踪等。这使得任务具有复杂性,往往要同时使用多种资源来执行任务,因此,要研究这种复杂任务的分解问题,使得任务能够分解后由相应的资源来配合执行。

任务分解过程是由任务分解智能体与用户交互进行的,任务分解智能体依据对任务的描述信息,从子任务分解模式中选择适当的分解模式对感知任务进行分解,并将其提交给用户,用户依据其知识和经验对此分解方案进行分析与修改。任务分解的结果(包括各个子任务名及其描述信息等)存储在系统中,供各个资源智能体查询。

3. 感知任务的集聚

在多任务需求条件下,许多任务的资源需求相同或类似,可以由同样的资源来执行,为了提高探测资源的利用效率,应该考虑任务合并聚类后提交执行。所以,要实现指控系统作战应用的感知资源高效组织,还必须进行感知任务聚类方法的研究。

4. 感知任务的分配

任务集聚成子任务簇后,子任务分配过程就是一个招标过程,系统可采用投标机制,任务智能体根据各个资源智能体的投标信息,选择每一项子任务的承担者,并向其发送初步中标信息,该初步中标信息仅仅是用于与资源智能体沟通之用,并非最终的中标结果。

5. 构建局部视图

资源智能体接到初步中标信息中的预分配任务后,根据预分配任务的结构信息,构建协同探测环境,建立局部任务视图(subjective task view)。

6. 主动感知任务的冲突消解

在多目标探测中,如果需要在同一时刻调度同一资源,就需要通过资源智能体应与其他资源智能体进行协商、协作或者知识共享来消解这种冲突。

7. 主动感知任务的协商

资源智能体相互之间协商之后,将各自愿意承担的部分任务提交给调度智能体,由调度智能体进行全局调度优化。如果满足任务的要求,协商结束,执行第 8 步,如果需要进一步协商,则将结果返回给资源智能体,执行第 5 步。

8. 主动感知任务调度执行

按照任务智能体的调度安排,各个资源智能体进行作业调度,并将其完成信息和结果送到相应的系统数据库处。如果检测到突发事件的发生,执行第 9 步;如果任务完成,执行第 10 步。

9. 主动感知任务再调度

在军事环境下,探测任务执行期间可能会出现探测需求发生变化或任务执行失败(如探测设备故障等)等情况,因此系统必须具有迅速的感知任务管理修改手段,这种根据当前态势修改制订新的感知任务管理方案的过程称作再调度。

10. 主动感知任务管理结束

4.2 主动感知任务管理中的任务分解

主动感知任务具有一定的复杂性,往往要同时使用多种资源来执行任务,因此,要研究这种复杂任务的分解问题,使得任务能够分解后由相应的资源来配合执行。

4.2.1 任务分解的描述

通常,一个任务可以由如下多元组描述[116]:

Task = <ID,智能体,subtasks,supertasks,arrival_time,earliest_start time,deadline,quality,duration,cost,utility,condition >

其中,ID 是任务的序号,它是唯一的编码;智能体是任务涉及到的智能体;subtasks 是子节点任务;supertasks 是父节点任务;arrival_time 是任务到达的时间;earliest_start time 是任务的最早开始时间;deadline 是任务的最迟完成时间;quality 任务涉及的数量;duration 是任务涉及的周期;cost 是任务涉及的成本;utility 是任务涉及的效用;condition 是任务完成的约束条件。

任务分解智能体在接受感知任务后,知识库查找资源智能体所代表的感知设备的探测能力,将任务涉及到的能力需求与感知设备具有的探测能力进行匹配,从而完成任务的分解。

下面以定义的形式描述智能体集合和具有的领域知识。

假定虚拟多智能体系统指控系统中有资源智能体集合 $A = \{a_1, a_2, \cdots, a_n\}$,$a_i$ 表示第 i 个资源智能体。

定义1:$K_i = \{K_{i1}, K_{i2}, \cdots, K_{im}\}$ 表示第 i 个资源智能体在某一领域中所具有的知识(即能力)。$K_A = \cup K_{i=1,\cdots,n} K_i$ 表示所有资源智能体具有的知识。

定义2:当有任务 T 需要完成时,解决它需要用到的知识为 $K_T = \{K_{T1}, K_{T2}, \cdots, K_{Ts}\}$ 时,有分解过程:

(1)当 $K_T \in K_i$ 且 $a_i \in A$ 时,任务 T 能被单一的资源智能体解决,而不需要分解。

(2)当 $K_T \in K_A$ 但对于所有的 $a_i \in A$,不能得到 $K_T \in K_i$,则任务 T 必须分解,需要被多个智能体来共同解决。$T = \{ST_1, ST_2, \cdots, ST_p\}$,且对于所有的 $ST_j \in T, j = [1, p]$,有 $K_{ST_j} \subseteq K_i$,否则任务 T 中的子任务需要继续分解,一直到所有的子任务都可以由相应的智能体集合 $SA_{ST_j} \subseteq A (\cup_{j=1,\cdots,p}; SA_{ST_j} = A)$ 来完成为止。

(3)如果 $K_T \subseteq K_A$ 恒不成立,则任务 T 不能被资源智能体集合 A 完成,需要人来干预决策。

任务分解完成后,明确任务之间的约束关系,以表的方式存储在系统数据库中,等待任务智能体进行任务分配。

任务不断分解为子任务,再逐级分解成若干相对独立的、各个独立探测可以完成的工作单元,并确定每个工作单元的任务及其从属任务,直至不能再分解的原子任务(subtasks = NULL),形成本地任务 Table,也可以称为本地任务视图。分解后任务形成一个树形图,如4.2.1所示。树的根节点代表感知任务文档中列出的感知任务,子任务是各个独立探测设备承担的工作单元,P 是工作单元分解后不同层次、不同粒度的任务,P_e 是分解后最小单位,即原子任务,它由任务序列 T 组成。P_e 是本身不能再分的任务集合,它可由担负任务执行使命的资源智能体完成。

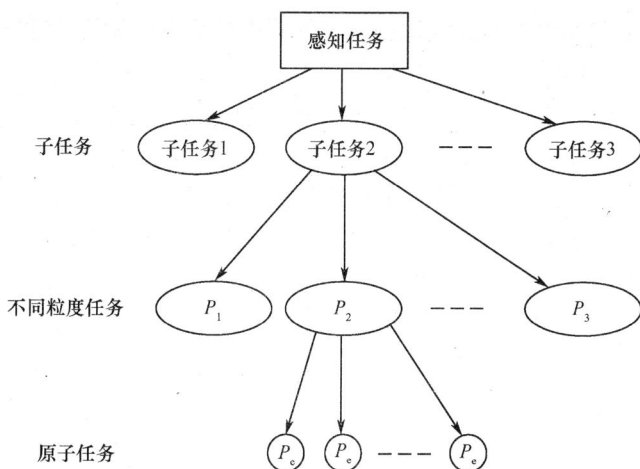

图 4.2.1 任务分解的树形层次

4.2.2 任务分解的步骤

应用任务分解的研究思路是：从应用任务对应的资源类别出发，研究资源所能完成的任务，提取资源执行相关应用任务的过程活动，分析应用任务的最优分解目标，最后，基于一定的分解目标实现应用任务分解算法。

主动感知任务的分解包括以下几个步骤：

1. 复杂任务的判断

通过应用任务模板中的属性设置，首先对提出的应用进行复杂性分析，判断此任务是否能为单独的资源独立执行，否则为复杂任务。根据应用任务的类别不同，存在不同任务复杂性的判定规则，定义判定规则需要根据属性设置及相同类别的资源的能力属性进行对比判别，例如，对某区域侦察的任务，如果此区域在任务模板中设置的区域大于所有侦察卫星的覆盖能力，则此任务需要进行区域分解，形成两个或多个侦察任务，便于独立的资源能够执行。

复杂任务主要包括：

（1）区域目标覆盖任务。

（2）移动目标(陆上/海上)的跟踪监视任务。

（3）立体成像侦察。

（4）其他复杂情形。

假设基于侦察任务模板提出对大小为 R 的区域进行侦察,同时要求分辨率为 D,当前环境中存在三个侦察卫星,分别是卫星1、卫星2、卫星3,它们三者的最大覆盖区域均满足对此区域侦察的要求,但是它们单独执行此任务时,分辨率达不到要求,如均小于 D,则此任务被作为复杂任务处理。

2. 复杂任务的解析

应用任务之所以成为复杂任务是由于侦察区域大而不能达到给定分辨率的要求,任务分解的评价目标有多种,如应用的资源个数最少、完成任务的时间最短等,不同评价指标往往会导致不同的任务分解方法。

针对重点目标(周期性、立体等)、任意形状区域目标、移动目标等复杂目标的侦察监视任务,基于分解规则进而研究相应的分解算法,研究目标的特性及侦察监视上的处理特点,例如以卫星侦察为例,需要以点目标侦察方法为基础提出复杂侦察监视任务分解方法,将复杂侦察监视任务分解为卫星一次过境可以完成的元侦察任务集。

3. 任务分解效果的检验

任务分解效果的检验分为以下两个步骤:

（1）按照应用任务的资源类型进行分类处理,根据任务类型的特点,建立相应的分解效果评价准则。如对于侦察任务的分解,可以将分解任务的完成程度以及任务的完成概率作为分解效果的检验指标。

（2）对应用任务的分解进行检验,依据给定的任务分解评价准则对任务分解效果进行判断,进行完成分解的复杂任务的可执行性的检测,判断分解后的任务与原始任务之间满足或覆盖的程度。

4.3 感知任务的集聚和分配

4.3.1 感知任务的集聚

感知任务的集聚是指根据多个简单任务之间的关系,按照一定的聚类规则形成一个新的应用任务的过程。在多个通过分解得到的元任务集合中,可能存在交叉、重叠或其他相关的任务,由此,通过聚类的方法对这些任务进行适当的组合,形成新的简单的应用任务,可以提高资源的执行效率。

例如对于某一区域的侦察任务,存在两个简单应用任务,分别为任务甲、任务乙,侦察任务模板如图4.3.1所示,任务甲、任务乙的侦察区域关系图如图4.3.2所示。

侦察任务模板	
任务编号:	STP00001
任务名称:	侦察区域A
任务时间:	2006-10-2前
任务类型:	侦察/区域侦察
任务属性	
区域设置	(A,B,C,D)
分辨率	<3m

侦察任务模板	
任务编号:	STP00002
任务名称:	侦察区域B
任务时间:	2006-10-5前
任务类型:	侦察/区域侦察
任务属性	
区域设置	(E,F,G,H)
分辨率	<5m

图4.3.1 两个任务的侦察任务模板

由此可知,任务乙的属性因素为任务甲所覆盖,这是一种任务可聚类的判定规则,依此,针对不同类别的应用任务,分析简单任务之间可覆盖的条件,形成任务聚类的规则,用于指导两两任务聚类的判别条件。

主动感知任务的集聚包括以下两个步骤:

1. 感知任务相关度的计算

感知任务具有明显的时间性和空间性特征,不同任务在时间

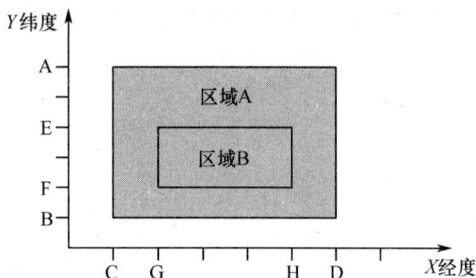

图 4.3.2　任务甲乙的侦察区域关系图

上的连续和空间位置上的相近关系等可以用于定义子任务的相关度。这就需要针对各类应用任务的特点,根据任务属性要求,建立任务之间相关程度的表示方法,可以为任务的聚类提供技术基础。

相似度仅仅是聚类的一个条件,与此同时,能否聚类也和资源的条件有关。例如对于侦察任务,卫星传感器的扫描宽度、连续工作时间、开机时间、侧摆的角度等都是影响聚类的条件和因素。

2. 实现任务聚类

任务聚类即将满足任务聚类条件的各个子任务合成为一个子任务簇。

4.3.2　感知任务的分配

感知任务的分配过程可以描述为:任务智能体首先将包括截止时间的子任务发送到有能力完成任务的资源智能体,资源智能体针对多个招标的子任务,参考各自的资源条件进行选择优化,并提出自己的建议开始时间和截止时间、空闲的其他时间段以及其他任务特性参数。任务智能体接收到多个资源智能体的投标信息后,进行投标的多属性决策。一旦资源智能体对投标进行了确认,它将锁定投标任务的时间段,将其保留下来完成该任务,使得别的投标任务不能占用该时段。投标确认后,其他的资源智能体不参与任务的完成,但是如果出现意外情况,如传感器故障等,任务智能体与

64

这些替代资源智能体协商,来完成任务,这将大大减少调度时间。

4.4　协同感知环境构建

建立协同感知环境的过程分为以下4步:

(1)如果某资源智能体接到一个自己不能够独立解决的任务,则要重新对任务进行规划或与任务的发起者就任务重新进行协商,这时,就需要发送协同请求给任务智能体以建立协同群组。

(2)任务智能体接收到资源智能体的协同请求后,根据协同请求信息内容和各用户的功能服务信息库来选择需要协同完成该任务的资源智能体,并将协同请求信息转发给选择的资源智能体,获得该资源智能体的响应后,注册该资源智能体到组员列表,重复此过程一直到形成一个能够完成任务的协同群组。

(3)各资源智能体和任务智能体维持群组关系直到任务完成。群组内的各资源智能体之间可以通过任务智能体互相通信。资源智能体可以根据自己的情况请求退出群组,但必须得到任务智能体的确认。若因某个资源智能体的退出而导致完成任务的协同用户不够,则由任务智能体再发送协同请求给新的资源智能体请求加入到协同群组。

(4)任务智能体撤销群组关系。任务智能体在任务全部解决完毕后撤销群组关系,撤销时由任务智能体发送完成任务并请求撤销群组的消息给各资源智能体,得到回复后即撤销群组。

一个群组智能体必须共享所需达到的协同任务和成员列表。当一个资源智能体加入或离开所在的群组时,任务智能体必须确认并更新共享信息。

4.5　共享态势视图的形成

共享态势视图的形成包括以下两个步骤:

1. 合成全局共享态势图

全局共享态势图包含地理环境信息、气候环境信息、地域信息、态势信息、情报特征信息等信念集及其属性集。属性集包括多个特征属性和相关变元，如情报特征信息的属性集包含信源可靠度、可信度、时间等属性和变元。可信度变元可预设为多级信度指标集，信念模型的实值空间即构成全局态势知识库。

态势图是一个正在不断发展的概念，最早源于美军通用作战态势图（Common Operational Picture，COP）。美国国防部的网络中心战报告把通用作战态势图提到了非常重要的地位，将其作为战斗空间感知的基础。COP 为部队提供作战空间的状态、行动和环境信息。通过 COP，指挥官可以实时或准实时地了解作战态势的发展，快速、准确、自信地交流作战意图，作出正确的军队行动计划，准确、及时、高效地实施指挥、控制。

对态势图最全面的理解可以表述如下：态势图是一个分布式的数据处理和交换环境，通过开发一个一致的联合通用数据库，使用通用的数据框架和设施，跨组织地共享数据，使得每一个参与者能够通过各自领域的传感器、专门技术等，贡献、纠正、增加该数据库的价值；不是电子传送的快照或静态图像，而是公共信息的动态显示；不是由于对所有用户提供同样的视图而称为"通用"，而是由于所有用户都使用同样的数据；让所有系统都提供信息并不足以产生态势图。

战态势图服务体系可以分层部署，逐级上报，态势图的生成可以经过通用战术数据集（Common Tactical Dataset）、通用战术态势图（Common Tactical Picture，CTP）、COP 三个阶段。首先由态势图服务体系的参与者实时主动提供数据，在分布式数据管理技术支持下，经过去伪存真、归一化处理，并保持数据的一致性，建立通用战术数据集；对各个通用战术数据集进行关联/融合处理后，成为在一定领域的通用战术态势图，并主动实时提供给高级指挥部门；高级指挥部门对各战术态势图进行实时统一管理，形成 COP，经过权限控制，为每一用户主动提供实时态势图服务。

2. 进行信息校验

信息校验包含信息不一致、信息缺失、信息错误三个子类型。以信息缺失目标过程为例,定义有属性信息缺乏、证据缺乏、特征信息缺乏等。属性信息缺乏指当前目标数据的重要属性信息不完整,如速度、位置等。证据缺乏指当前目标信息无法得到其他信息来源的证实。特征信息缺乏指根据当前信息不足以进行目标识别,无法归入信念集。

4.6 感知任务的冲突消解

在多智能体系统中,每个智能体都是具有特定完整功能的、独立的、高度智能化的个体,它掌握一定的知识,有自己的目标和解决问题的能力。而多智能体系统是将单个的智能体集合起来,通过它们之间的相互作用或相互结合以产生更高的智能。多智能体系统在努力提高单个智能体模块的处理能力的基础上,致力于提升模块之间的相互作用和综合能力,以期提高系统的整体功能。然而,每个智能体是自治的,有着自己独立的结构、知识库和问题求解策略;但是每个智能体的资源、能力、信息是有限的,从而产生冲突。这些冲突既可能来自不同的多智能体系统之间,也可能来自多智能体系统中的不同智能体之间,甚至就是来自该智能体本身,冲突的解决依赖于对多智能体系统中的各智能体进行有效协调。

在协商的过程中,如果智能体不能就调度任务的时间、顺序和资源分配达成一致,则需要采取部分——全局规划进行冲突消解。在冲突消解过程中,任务智能体要求处于冲突的资源智能体取消或者重新调度先前的任务。在多智能体系统中,资源智能体只能看到整个系统的一个局部主观任务视图。因此,为了对系统的局部任务进行协调,满足全局约束要求,必须允许智能体间进行必要的信息交换。假定各任务/子任务间的关系是客观存在的,各智能体为了与别的智能体进行协调,必须知道这种关系的部分或全部信息,以便于智能体对自身的局部行为作出符合全局的调度安排。

在主动感知任务管理体系结构中,调度任务以表的方式存储在智能体中,表中记录了本地智能体调度任务分配和资源约束的详细信息。

当冲突发生时,任务智能体通知冲突的资源智能体,智能体之间交换各自的局部任务视图,协调各自的任务安排,然后协商,进行冲突消解。

4.6.1 冲突产生的原因

冲突的产生和起因多种多样,主要可分为资源冲突、领域知识冲突和过程冲突[117,118]。

(1)资源冲突。它是由于资源的有限性而造成的。当多个智能体之间需要共享某些资源时,如果在资源的使用上存在着不合理调配关系,就会由于资源的限制而导致多个智能体争夺有限资源的情况,从而引发冲突。

(2)过程冲突。由于本该完成的任务尚未完成,致使后续任务无法开始执行。在信息上表现为信息缺乏冲突,即后续任务由于缺乏前面任务输出的必要信息而无法开展。

(3)目标冲突。由于智能体的目标存在差异,做出的假设不同,难以从全局把握,导致另外的智能体目标不能实现,即只能实现其中的一部分目标,其他则由于与实现的目标相冲突而不可能实现。

4.6.2 冲突的典型特性

冲突具有如下共同的特征[119]:

(1)冲突的多样性。冲突具有多样性,如知识冲突、资源冲突、目标冲突、过程冲突等。

(2)冲突的关联性。设计冲突之间存在着复杂的关系,主要表现有因果关系、平行关系或耦合关系。在解决某些冲突时,有可能引发其他类型的冲突。

（3）不可避免性。由于智能体自治性的存在，冲突不可避免。虽然不少学者已着手研究冲突的避免技术，但由于人类对未知领域认识的局限性，冲突只能在一定程度上避免，完全没有冲突是不可能的。

（4）冲突的不确定性。一个冲突的解决可能会引起新的冲突，新的冲突又可能牵连原来不属于冲突事件的智能体。针对这一情况，对于具体的冲突而言，单一的策略很难奏效，需要几种策略联合使用。

4.6.3　冲突解决的步骤

资源智能体交互协商目的是进行冲突消解[120]。冲突问题的解决受到冲突资源的性质、资源智能体的主体结构模型、资源智能体的角色、资源智能体的模型种类和资源智能体的行为约束以及推理方法的综合影响。

冲突消解一般包括以下两种方法：

1. 交互协商

协商操作发生在两个或多个具有相同等级的资源智能体之间，由某一资源智能体向其他资源智能体发出协商请求，若得到对方允许，则接着发出协商意见，若得到其他资源智能体的认可，则这些资源智能体达成共识，消除局部决策方案之间存在的矛盾。

资源智能体之间交互协商的抽象算法框架如图 4.6.1 所示。

2. 仲裁

若资源智能体无法达成共识，或在所要求的时间范围内没有能够产生一致的局部方案，则通过任务智能体的仲裁功能进行仲裁，进而给出一个不矛盾的局部方案。任务智能体提供有规则依据的中心协调强制决策执行的功能。

资源智能体之间提交仲裁的抽象算法如图 4.6.2 所示。

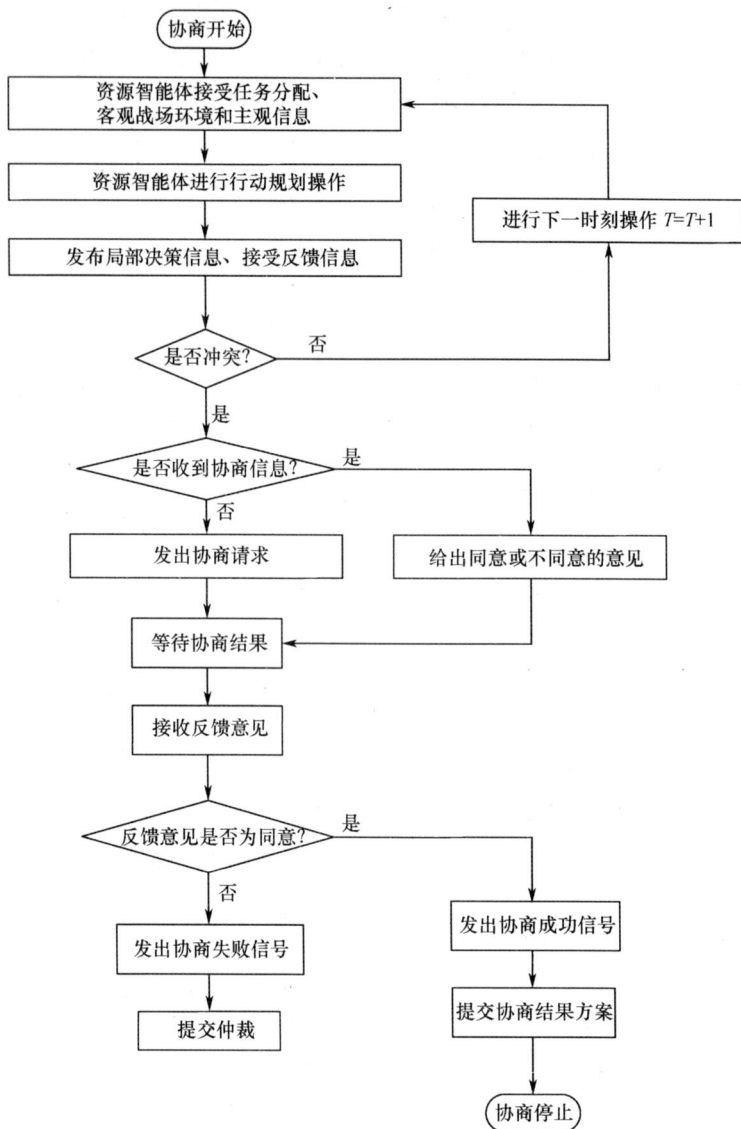

图 4.6.1 资源智能体之间交互协商的抽象算法

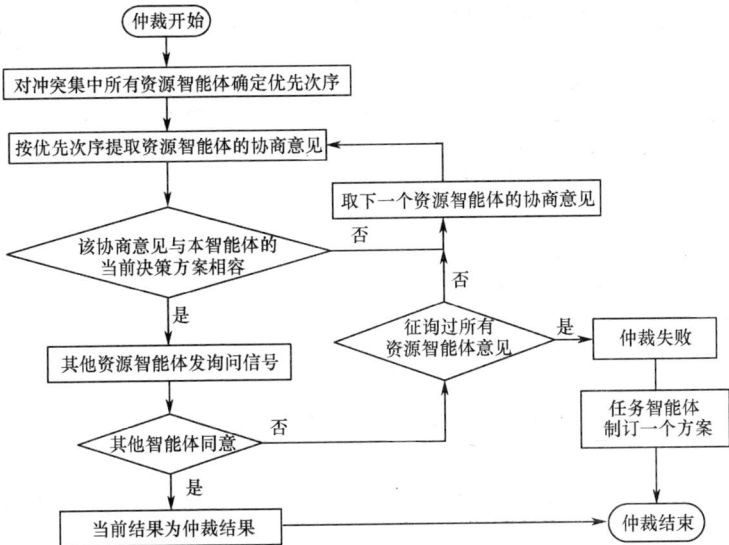

图 4.6.2　资源智能体之间提交仲裁的抽象算法

4.7　主动感知任务管理中的任务再调度

现代指挥控制系统是分布式的开放式复杂系统,为了响应作战环境与作战需求的变化及指控系统本身内部的一些不确定性因素,如突发的作战任务时间、探测设备故障、作战行动的提前与退后、某些作战资源(物质)的短缺和引入等,另外,作战部队的配置也往往是动态变化的。为了处理这些突发的冲突,必须进行主动感知任务管理中的再调度。

在再调度(regeneration)中,新的再调度方案通过对原有方案的修正而产生,在修订过程中,应尽量在再调度时使得受到影响的任务集达到最小。

该再调度问题包括以下过程:

(1)当由消息队列传来一个新的感知时,所有正在进行的感知任务被临时中断,保留该中断点的剩余感知任务,与新到达的感知任务一起进行调度。按照任务的优先级别,系统先放弃优先级别低的已经调度好的任务,来保证紧急任务的完成。当紧急任务完成时,放弃部分的任务进行再调度,来完成计划任务。

(2)感知任务取消时(这种情况发生于敌方目标被摧毁),任务智能体通知资源智能体释放所有与该目标相关的调度任务。调度智能体对改变后的调度进行再次优化。

(3)探测设备故障时,如果该探测设备有同类的备份设备,重调度模块将其处理队列移到该备份(或同类空闲)上,对没有完成的任务进行再调度。如果没有备份(或同类空闲)设备,表明该探测任务及其后续的探测任务均不能继续完成,则资源智能体通知任务智能体,再查找合适的其他资源智能体进行处理,如果找不到能够完成的智能体,则任务智能体要求任务分解智能体对任务进行分解后,再重新进行招投标。

(4)当任务完成出现延缓,影响当前下一个任务完成时,剩下没有完成的任务必须再调度,可以按照探测设备故障时的情况处理,如果有必要,调度智能体对调度重新进行调度,实现进一步优化。

再调度过程如图 4.7.1 所示,首先查询规则库,选择再调度方法,如果仅仅只存在一个匹配的调度规则时,资源智能体直接按照规则进行调度;如果存在多个匹配的规则时,则需要进行抉择,选择最优规则。当不存在匹配的规则时,如果再调度仅仅发生在子任务内部,询问需要调度的资源智能体,看能否通过自身的约束放松或子任务分解来进行再调度;如果再调度涉及到多个资源智能体,则需要智能体之间的协商来解决问题,然后修改各自的投标合同以及调度安排;如果仍找不到可行的办法,系统请求人工干预,重新进行任务调度。

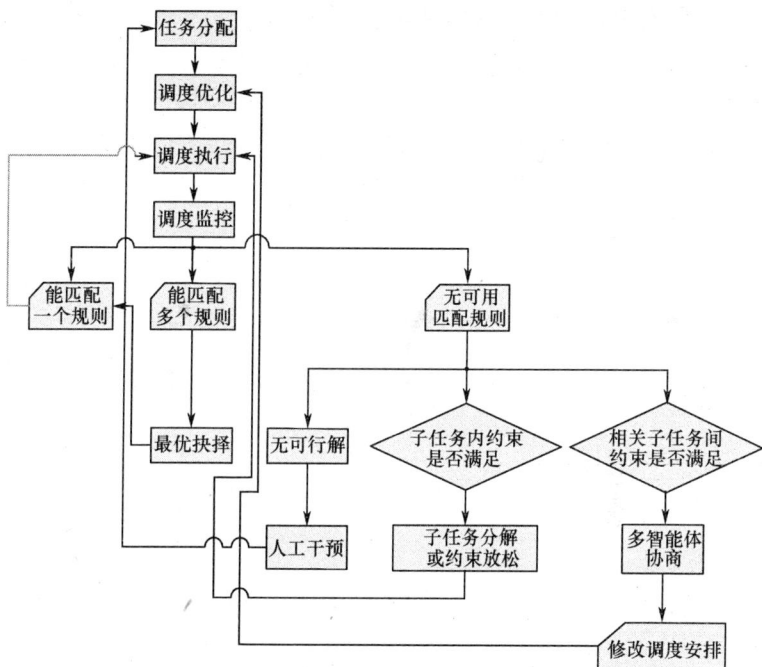

图 4.7.1 主动感知任务的再调度

第5章　任务管理中任务分配模型与仿真

前面建立了基于多智能体系统作战任务任务管理系统框架,由于任务管理中涉及到任务分解集聚、任务分配、任务综合体构建、任务管理中冲突消解、任务再调度等问题,问题复杂,涉及领域多,本章重点就任务管理中任务分配进行研究。本章将结合典型作战案例,根据作战资和任务描述模型,建立简化的任务分配数学模型,根据各子任务执行约束和执行时间,使用关键路径法确定任务执行顺序,最后以资源执行任务开始时间和资源对任务能力满足度或资源任务能力距离为启发信息,使用启发式搜索算法仿真求解任务分配问题。

5.1　仿真案例描述

这里以登陆作战为例进行任务分配设计,在此基础上加入规则和约束条件进行任务调度。任务描述:一个海军和陆军联合部队的总任务是在尽可能短的时间内夺取敌方的海港和机场,战场态势如图5.1.1所示。根据地理位置和任务进程限制,需要从南滩和北滩登陆,北滩有公路通往海港,南滩有公路直通机场,根据了解到的敌方情报,在夺取海滩前,高地火力必须控制,海滩有水雷保护,在公路上可能埋有地雷,在港口和机场部署有装甲部队和防空部队,敌人增援部队可从公路或机场进行增援,从公路增援要通过桥,在夺取港口时必须炸桥并夺取机场阻止敌人增援。

根据分配的作战资源,由于是联合作战任务,资源粒度到平台级,从知识库的资源库中检索出可调用的作战资源,作战资源模型基本属性信息在联合作战计划层次可视化上使用粗略的属性信

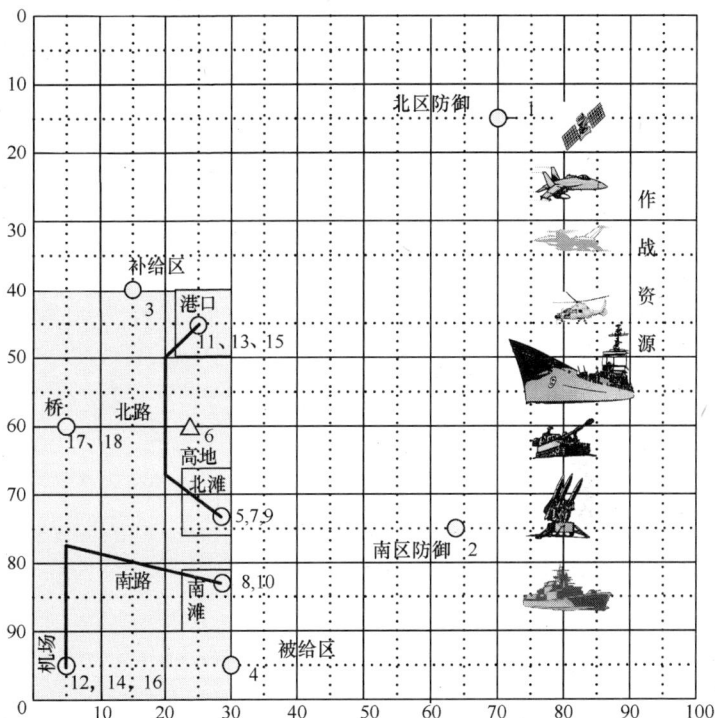

图 5.1.1　联合作战任务想定图

息,在资源库中使用精确信息描述约束条件,根据任务需要的资源能力的得到简化的资源信息如表 5.1.1。资源描述为: OR = < ORId, ORName, OROr, ORTime, ORPlace, ORV, ORCap, ORAttribute, ORSta > 其中 ORId、ORName、ORV、ORCap、OROr 为联合作战指挥所组织内, ORPlace 为在作战准备地域, ORTime、ORAttribute 与 ORName 和 ORCap 关联,这里简化为资源随时可以使用,没有使用上的约束, ORSta 初始状态全部为可以调用的 free 状态。本案例中根据资源能力使用特点,采用侦察、指挥、打击一体化化的功能将 ORCap 划分为分为防空类、反舰类、反潜类、对地攻击类、炮兵类、装甲类、扫雷类和侦察探测类 8 类能力,对应为: ORCapi = [ORCapi1, ORCapi2, …, ORCapi8]。

表 5.1.1   作战资源属性数据表

ORId	ORName	ORV	ORCap							
			1	2	3	4	5	6	7	8
P1	驱逐舰	2	10	10	1	0	9	5	0	0
P2	护卫舰	2	1	4	10	0	4	3	0	0
P3	巡洋舰	2	10	10	1	0	9	5	0	0
P4	工程兵分队	4	0	0	0	2	0	0	5	0
P5	步兵连	1.35	1	0	0	10	2	2	1	0
P6	防空部队	4	5	0	0	0	0	0	0	0
P7	直升机	4	3	4	0	0	6	10	1	0
P8	CAS 战机 1	4	1	3	0	0	10	8	1	0
P9	CAS 战机 2	4	1	3	0	0	10	8	1	0
P10	CAS 战机 3	4	1	3	0	0	10	8	1	0
P11	战斗机 1	4.5	6	1	0	0	1	1	0	0
P12	战斗机 2	45	6	1	0	0	5	1	0	0
P13	战斗机 3	45	6	1	0	0	1	1	0	0
P14	扫雷舰	2	0	0	0	0	0	0	10	0
P15	TARP	5	0	0	0	0	0	0	0	6
P16	卫星	7	0	0	0	0	0	0	0	6
P17	特种部队	2.5	0	0	0	6	6	0	0	10
P18	步兵连	1.35	1	0	0	10	2	2	1	0
P19	步兵连	1.35	1	0	0	10	2	2	1	0
P20	步兵连	1.35	1	0	0	10	2	2	1	0

联合部队领受的总任务 OT = < OTO, SubOT, OTR >,根据领受的总任务作战目标有港口和机场两个,但与之关联的任务目标共 10 个,OTO ={压制港口防空导弹,压制机场防空导弹,补给北区,补给南区,占领南滩,占领北滩,占领高地,占领港口,占领机场,炸桥}。任务分解智能体根据作战任务目标、地理位置、任务约束条件、任务执行流程和资源能力分解得到各子任务位置如图

5.1.2 所示。共分解为 18 个作战子任务,具体分解方法见文献
[29]。每个子任务描述模板为:SubOT = < SubOTObj, SubOTId,
SubOTName, SubOTRe, SubOTStu, SubOTCont, SubOTTime, SubOT-
Place, SubOTCap >, 其中:SubOTId、SubOTName、SubOTTime、Sub-
OTPlace、SubOTCap 参数如表 5.1.2 所列,SubOTStu 初始状态都为
wait,SubOTRe 为空,SubOTCont 为任务约束,主要有执行顺序约
束,SubOTRe 能力不小于任务能力需求,一个资源同时只能执行
一个任务。

表 5.1.2　任务属性数据表

OTId	OTName	OTT	OTPlace (x,y)	OTCap							
				1	2	3	4	5	6	7	8
T1	压制港口防空导弹	30	(70,15)	5	3	10	0	0	8	0	6
T2	压制机场防空导弹	30	(64,75)	5	3	10	0	0	8	0	6
T3	北区补给	10	(15,40)	0	3	0	0	0	0	0	0
T4	南滩补给	10	(30,95)	0	3	0	0	0	0	0	0
T5	夺滩遭遇战	10	(28,73)	0	3	0	0	0	0	10	0
T6	高地夺取	10	(24,60)	0	0	0	10	14	12	0	0
T7	北滩夺取	10	(28,73)	0	0	0	10	14	12	0	0
T8	南滩夺取	10	(28,83)	0	0	0	10	14	12	0	6
T9	北滩防御	10	(28,73)	5	0	0	0	0	5	0	0
T10	南滩防御	10	(28,83)	5	0	0	0	0	5	0	0
T11	北路行进	10	(25,45)	0	0	0	0	0	10	5	0
T12	南路行进	10	(5,95)	0	0	0	0	0	10	5	0
T13	港口防御	20	(25,45)	0	0	0	0	0	8	0	6
T14	机场防御	20	(5,95)	0	0	0	0	0	8	0	6
T15	港口夺取	15	(25,45)	0	0	0	20	14	4	0	0
T16	机场夺取	15	(5,95)	0	0	0	20	14	4	0	0
T17	南滩夺取	10	(5,60)	0	0	0	0	0	8	0	4
T18	炸桥阻援	20	(5,60)	5	3	10	8	6	0	4	10

任务之间逻辑关系 OTR 根据任务目标和任务执行进程和地理条件限制,任务执行流程使用图如图 5.1.2 所示,边表示任务之间流程关系,任务右上表示任务处理时间,整个流程图在后期计算中使用矩阵表示。

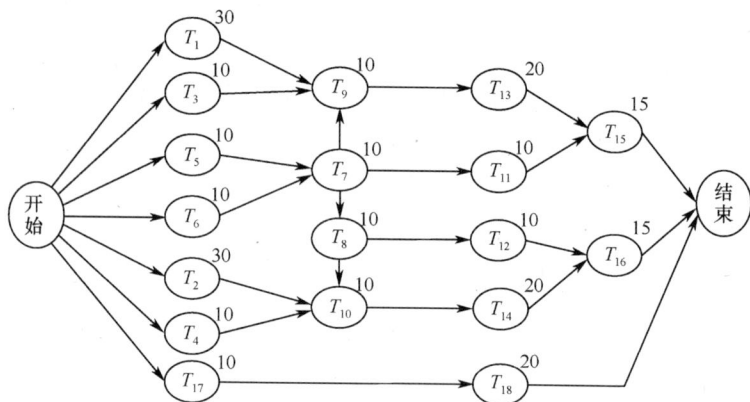

图 5.1.2 任务分解后执行流程

作战任务和作战资源的模型建立之后,可以清楚地读取完成每一项子任务所需要的作战能力和作战资源提供的能力。在实现作战任务分类建模和作战资源建模的基础上,如何实现预定的作战任务到作战资源的分配是任务管理系统对任务进行管理的关键。

因此,此后最关键的一步就是根据能力在目标函数约束下进行有效的任务分配,即对每一项具体的等待执行的作战子任务进行资源按需分配,由于能够提供作战能力资源是有限的,本案例中只有 20 个可调用的作战资源,并且每个资源的能力也是有限的,任务需要多项能力的同时资源也提供多项能力,可以通过能力信息匹配搜索出与任务能力需求匹配资源。再加上资源本身在同一时间只能处理一项具体任务,因此根据图 5.1.2 任务执行的先后逻辑顺序,如何进行最优的资源分配,以保证所有子任务在最快的时间内完成,进而完成总的作战使命,成为作战任务集成中要解决

78

的最重要的问题。如果资源分配不优,资源利用率低,任务执行的时间就会由于得不到足够的作战资源能力而推后,这样,整个作战计划势必受到重大影响,因此,对联合作战规划中资源调度算法进行研究是很有必要的。而上述任务集成问题,就是作战任务的最优调度、资源到任务最优分配的问题。

5.2 任务分配模型和求解算法

在典型联合作战案例基础上,根据得到的资源属性和分解后的各个子任务属性,本节将结合任务管理系统中建立任务分配数学模型和介绍常用的任务分配求解算法。

5.2.1 任务分配数学模型

在建立资源和任务描述模型和实现任务分解集聚的基础上,将任务分配以及约束条件简化为[124,125]:

(1)进行分配的任务所有前序任务都已处理完毕。

(2)分配到任务的所有作战资源已到达任务执行地点才开始执行。

(3)聚集的资源能力不小于任务的能力需求,资源组合提供的组合能力简化为能力向量线性相加和表示。

(4)一个资源每次只能处理一个位置上的任务。

任务—资源分配数学描述,使用以下参数描述任务和资源中间状态:

任务之间关系描述:

$$a_{i,j} = \begin{cases} 0, \text{如果任务 } T_j \text{ 开始时任务 } T_i \text{ 必须完成} \\ 1, \text{否则} \end{cases} \quad (5.2.1)$$

式中:T 为使用启发式算法任务完成时间上限;T_0 为任务初始化时间(启动时间);T_s_i 为任务 i 的开始时间;T_{l_i} 为任务 i 的处理时间;T_F 为任务完成时间(所有任务完成时间的最大值);N 为任务数,K 为资源数。

分配变量：

$$w_{ik} = \begin{cases} 1, 如果资源 R_k 分配给任务 T_i \\ 0, 否则 \end{cases} \quad (5.2.2)$$

任务转移变量：

$$x_{ijk} = \begin{cases} 1, 如果资源 R_k 在完成任务 T_i 后分配给任务 T_j \\ 0, 否则 \end{cases} \quad (5.2.3)$$

一个资源 R_k 能从任务 i 转移到任务 j 或从任务 j 转移到任务 i，当且仅当资源 R_k 先分配到了任务 i，表示为式(5.2.4)。一个资源对一个任务只分配了一次，则 $x_{ijk} = 0$；同样无前序任务和后续任务的转移变量 $x_{0ik} = x_{i0k} = 1$，同样从任务同时只能处理一个任务则若资源首次和最后分配参与分配则：

$$\sum_{j=0}^{N} x_{ijk} = \sum_{j=0}^{N} x_{jik} = w_{ik}; i,j = 1, \cdots, N; k = 1, \cdots, K \quad (5.2.4)$$

任务执行 j 执行的开始时间等于处理任务 j 的所有资源都到达任务执行地点的时间，对于 R_k 则等于处理的最后一个任务 i 的开始时间加上处理时间和机动到任务 j 的时间，若 R_k 第一次使用则可直接机动到任务执行地点，即 $D_{0j} = 0$，同时任务 j 如果有前序任务务则开始时间大于它前一任务的结束时间任务 j 的开始时间为

$$T\_s_i + T_{ti} + x_{ijk}\left(\frac{D_{ij}}{v_k} + a_{ij} \cdot T\right) \leqslant a_{ij} \cdot T + T\_s_j \quad (5.2.5)$$

式中

$$D_{ij} = \sqrt{(x_j - x_i)^2 + (y_j - y_i)^2}, i,j = 1, \cdots, N; k = 1, \cdots, K$$

$$(5.2.6)$$

D_{ij} 为任务 i 和 j 执行地点之间的地理距离，实际中可根据航道或公路情况化为实际路程。

执行任务 i 的资源能力不小于任务能力需求，假设资源能力向量相加为资源组合能力(实际中可计算各项能力综合后能力)，任务的各项能力需求约束表示为

$$\sum_{k=1}^{k'} ORcap_{kl} \cdot x_{ik} \geqslant OTcap_{il}, i = 1, \cdots, N; l = 1, \cdots, L \quad (5.2.7)$$

式中:k' 为分配到任务 i 的资源数;L 为能力向量维数。总任务的完成时间等于最后完成的任务的时间,也是所有任务完成结束时间的最大值,表示为

$$T_F = \max(T\_s_i + T_{t_i}), i = 1, \cdots, N \qquad (5.2.8)$$

目标函数:$\min T_F$

根据以上各个约束条件和目标函数所得任务分配数学模型为

$\min T_F$

$$
\begin{cases}
\displaystyle\sum_{j=0}^{N} x_{ijk} = \sum_{j=0}^{N} x_{jik} = w_{ik} \\[2mm]
\displaystyle\sum_{j=0}^{N} x_{i0k} = \sum_{j=0}^{N} x_{0ik} = 1 \\[2mm]
i, j = 1, \cdots, N; k = 1, \cdots, K \\[2mm]
T\_s_i + T_{t_i} + x_{ijk}\left(\dfrac{D_{ij}}{v_k} + a_{ij} \cdot T\right) \leq a_{ij} \cdot T + T\_s_j \\[2mm]
\displaystyle\sum_{k=1}^{k'} ORcap_{kl} \cdot x_{ik} \geq OTcap_{il}, i = 1, \cdots, N; l = 1, \cdots, L \\[2mm]
T_F = \max(T\_s_i + T_{t_i}), i = 1, \cdots, N \\[2mm]
D_{ij} = \sqrt{(x_j - x_i)^2 + (y_j - y_i)^2}, i, j = 1, \cdots, N; k = 1, \cdots, K \\[2mm]
0 \leq T_F \leq T; T\_s_i \geq 0; x_{ijk}, w_i k \in \{0, 1\}
\end{cases}
$$

$$(5.2.9)$$

式(5.2.9) 是一个混合二元线性规划问题(含有多个连续变量和二进制变量),可以使用 Lingo 等运筹学软件求解,也是一个 NP – hard 的组合优化问题,这使得问题的求解容易受到问题规模的限制,很难在大规模问题中得到解。根据问题特点,当可获取的资源能力仅有一个时,式中问题的求解是一个推销商问题(TSP),求取任务执行的顺序;当所有的资源能处理所有的任务时,这一问题的求解又简化为一个伴随优先关系的多 TSP 和任务需求和资源能力匹配的背包问题;当不考虑资源在转换任务时的在路径转移上消耗的时间,这一问题就是工作流调度问题;如果资源在不同任

务地点之间的行进时间远小于对该任务的处理时间,此问题就是一个伴随优先次序约束的多处理器调度问题。

5.2.2 任务分配求解算法

在工作流调度、虚拟企业伙伴选择、多处理器任务分配等领域有多种任务分配求解算法,现介绍几种针对式(5.2.9)的几种求解算法。

1. 多准则进化算法

文献[125]中使用子整体控制结构的思想来建立一体化多层次分散决策的指挥控制组织。在面临出现新事件和节点失效的动态远征打击大队的动态环境下使用 MOEA(子整体多目标进化算法)产生鲁棒的弹性的调度算法。底层单元基于局部资源、约束和目标产生多属性局部调度。这些局部调度和一个调度池通信,作战调度可以在可选的调度不同阶段转移以适应环境变化。全局可行性在顶层作战单元得到确保,底层战术层因子整体组织控制结构的特征而维护其自主性。这种方法的优点是在执行任务的过程中根据事件变化灵活调度,分析了远征打击大队执行各种任务情况下可能的不确定因素,分析完成任务的精确性、时效性和内外部工作负载,确定任务优先级、任务变化和资源的扰动情况下资源集合完成任务的有效性,从而实现任务分配求解。

2. 嵌套遗传算法

文献[126-128]中使用了基于分组理论的模型求解法,使用平台转移时延和最小内部、外部工作负载为目标函数,将任务集和资源集分类,然后考虑将某一类资源分配到具体类的任务,最后确定执行任务的组内资源和组外资源,针对资源组中能力不足实行组间协作。先使用遗传算法进行资源和任务分组,分组后用多维动态列表算法将资源分配到具体任务,提高了任务求解时间。这种分组算法将相似的任务标准化聚集为一类,符合实际的作战资源平时编成,减少了能力不足情况的出现,能快速应对突发事件,但这种方法得到的分配方案容易造成任务执行逻辑不能满足约束。

3. 基于智能体(Agent)和全能体(Holon)建模方法

智能体是具有信念、愿望和意图的主动感知、决策和行动的具有某一功能的自主体。而全能体是由独立、协作的标准化智能模块组成,Holon 具有完整、完全的意思,哲学中叫做"子整体",表示实体内部功能完整的子实体[129]。全能体的含义是全能的整体,可以根据目标和环境的变化进行组合,动态调整组织结构,优化完成任务配置。人是全能体不可分割的一部分。根据全能体的概念,将作战资源映射为全能体或智能体。文献[130 – 132]中根据各层指挥的自相似性使用全能体概念将任务分为战略控制、行动控制和战术控制三层指挥控制全能体,通过全能体特性实施分层决策和灵活调整资源组织结构适应任务变化。

4. 动态列表算法

动态列表算法是一种启发式搜索算法,主要根据任务约束和目标函数确定启发式信息,在启发信息的帮助下,不断缩小搜索空间,在式(3.2.9)问题的求解中,已经有很多改进的算法,具体可见文献[133 – 135]。该问题的求解主要是确定任务优先级和资源对任务的优先级,任务优先级别主要是根据目标函数中任务总完成时间最短,任务时间属于任务关键路径的确定问题。资源对任务的优先级主要受资源在处理不同任务时由于任务的地理位置分布性,需要资源的机动时间造成任务处理推迟以及任务和资源能力的不匹配造成能力上的不足或冗余而影响其他任务的执行而最终影响任务完成时间。

由于任务管理系统结构的复杂性,问题求解主要是组合优化问题,使用智能搜索算法(进化算法、粒子群算法等)能得到最优的结果,但模型求解中人不能参与其中,且对约束条件的表达能力不足,不能直观观察分配的依据和分配过程。智能体建模编程工作量大,不易构建仿真模型。本文选用成熟的多维动态列表算法进行任务资源分配,该算法是近似搜索算法中的启发式算法,虽不能直接得到最优解,但该算法编程简单,满足任务分配是实时性要求,及时生成满足约束的分配方案,并且可以和知识库规则推理系统结合进行把约束条件融入算法进行分配,把问题描述为约束满足问题(CSP)进行求解。指挥参谋人员可以根据战场态势、个人经验等知识调整任务分配中的启发式信息各个量的权重,加入资源约束和任务约束等约束条件,清晰直观地看到使用该算法的分配过程和使用多种启发式信息得到不同分配方案。

5.3　任务分配问题求解

在使用多维列表算法上,问题求解的关键是针对任务分配中时间最短问题找到求解问题的启发式信息,本节将介绍几种启发信息用于仿真求解任务分配问题。

5.3.1　任务分配求解中的启发式信息

在任务分配中,主要涉及到任务优先级和选择执行任务的资源组成的任务综合体,任务和资源的选择中主要使用以下两个优先级作为启发式信息。

1. 任务执行顺序选择

当某一任务的所有前序任务(即在该任务处理前必须完成的所有任务)都已处理完时,该任务便进入满足任务执行约束的可分配资源任务状态为1,在所以状态为1的任务集合中将空闲可用资源能力能满足的任务状态置为2,选择状态为2的任务优先级最高的任务(若出现优先级相同则通过消息队列由指挥员人工或随机选择其中的一个任务)首先进行资源分配,任务的优先级是对任务执行流程图中的任务序列依据算法来确定,常用网络图的方法确定任务优先级。这些算法包括关键路径算法、层次分配算法和加权长度算法,下面分别介绍以上三种优先权系数的确定方法[136,137]:

1)关键路径算法(CriticalPathAlgorithm,CP)

关键路径 $CP(i)$ 通过任务流程图和任务预处理时间来共同确定。任务 i 到任务流程结束可以通过多条路径来实现,任务 i 的关

84

键路径 $cp(i)$ 等于任务 i 到任务流程结束最大时间需求的路径,保证有足够的资源优先执行关键路径任务,非关键路径任务可以在一定时间内推迟执行。

任务 i 的关键关键路径系数计算公式为

$$CP(i) = \max_{j \in out(i)} CP(j) + T_{t(i)} \qquad (5.3.1)$$

式中:$out(i)$ 为任务 i 的后序任务;$T_{t(i)}$ 为任务 T_i 的执行时间。任务的关键路径系数等于任务的各后序任务中最大的加上任务执行时间,若任务无后序任务则为任务执行时间。

2)层次分配算法(LevelAssignmentAlgorithms,LA)

在层次分配算法中,一个任务的所有直接前导任务都必须在这一任务的低一层次上,也即是在同一层或者其低层上没有这一任务的后序任务。

LA 算法必须逐层分配确定任务选择的优先权系数。通过关键路径所确定的任务优先权系数 $P(i)$ 如下:

$$P(i) = LA(i) = \max_{j \in out(i)} \{l(j)\} - l(i) \qquad (5.3.2)$$

3)加权长度算法(WeightedLengthAlgorithm,WL)

加权长度 $WK(i)$ 算法仍然是根据关键路径来确定任务的优先权系数,这是采用的最多的求解任务优先权的算法。

$$P(i) = wl(i) = CP(i) + \max_{j \in out(i)} CP(i) + \frac{\sum_{j \in out(i)} CP(j)}{\max_{j \in out(i)} CP(j)} \qquad (5.3.3)$$

通过以上方法确定任务的优先系数,任务优先系数越高,任务越优先保证执行,对应作战目标的权重越大。本文仿真选用加权长度描述算法解决任务优先级排序问题。在任务调度过程中,人可以决定任务优先级系数,保证指挥参谋人员的主体地位。

2. 任务 — 资源的匹配信息

资源选择是调度智能体选择执行任务队列中排好队的任务的作战资源智能体,执行一个任务的作战资源集合选择是该启发式算法的关键部分。选择资源集合匹配性直接决定算法求解结果的优劣,结合协商式搜索选择过程,调度智能体安排在任务队列中排队的任务智能体发布任务属性信息给粗粒度相关空闲可用资源智能体,若为紧急高优先级任务则可中断某些执行任务的资源智能体参与任务分配。任务分配的前提是资源要处于空闲可用状态,把所有没有执行任务可调用的资源放到可调用资源集中,资源的选择就直接从可用资源集合中调用。

资源选择的原则是资源提供的能力和资源使用约束能地符合待执行任务的需求,而且资源到达任务执行地点的时间越快越优,即资源从完成上次任务到机动到当前待执行任务位置所用的时间越短越好。由于资源提供的总能力有限,所以资源能力利用率越高(即执行任务的综合体的能力刚好满足任务而无冗余)就越能保证所有任务都尽快执行。同时也考虑到资源的选择对当前可执行任务集合的影响度,因此对资源的优先权函数,主要有以下计算方法[55,52]:

$$
\begin{cases}
V_1(k) = \dfrac{B(k,i)}{BR(k) - B(k,i)} \\
V_2(k) = T\_s_{l(k)} + Tt_{l(k)} + \dfrac{D_{l(k),i}}{V_k}
\end{cases}
\tag{5.3.4}
$$

$$
\begin{cases}
V_3(k) = \left(T\_s_{l(k)} + Tt_{l(k)} + \dfrac{D_{l(k),i}}{V_k} \right) + \dfrac{B(k,i)}{BR(k) - B(k,i)} \\
V_4(k) = \left(T\_s_{l(k)} + Tt_{l(k)} + \dfrac{D_{l(k),i}}{V_k} \right) \cdot \dfrac{B(k,i)}{BR(k) - B(k,i)}
\end{cases}
\tag{5.3.5}
$$

式中:$l(k)$ 为资源 R_k 在当前时间最后执行完的任务;$T\_s_{l(k)}$ 是 R_k 执行的最后任务的开始时间;$Tt_{l(k)}$ 是 R_k 执行最后一个任务的持续时间;$D_{l(k),i}$ 是任务 $l(k)$ 到当前待执行任务 i 的距离;$B(k,i)$ 是执行当前任务 i 时 R_k 所提供的能满足任务各类能力的总和。例如,对某类能力 l,资源 R_k 能提供给任务 l 类能力为 $ORcap_{kl}$,而任务 i 所需能力 l 的数量为 $OTCap_{il}$,则对资源 i 而言,资源对任务 i 的能力 l 满足度为 $\min(OTcap_{kl}, ORCap_{il})$,而资源中各类能力对任务 i 的满足度之和就是资源对任务 i 的能力满足度 $B(k,i)$。$BR(k)$ 就是 R_k 对就绪任务集中所有任务的资源满足程度,也就是假设资源分

别处理待处理任务中各任务时,分别对各任务的能力满足度之和,即

$$\begin{cases} B(k,i) = \sum_{l=1}^{\infty} \min(OTCap_{kl}, ORCap_{il}) \\ BR(k) = \sum_{i \in READY} B(k,i) \end{cases} \tag{5.3.6}$$

在选定任务 i 后,通过 $V_3(k)$ 或 $V_4(k)$ 计算得到的值越小优先级越高,但在后期仿真求解中,这种算法很不稳定,得到的结果差异很大,并一直没有得到理性的最优解。经分析,在任务能力满足度函数 $V_1(k)$ 值越大,资源对任务的满足度优先级越高;而时间函数 $V_2(k)$ 越小优先级越高,并 $V_1(k)$ 的值大多情况下小于1,而 $V_2(k)$ 很大,所以不能使用 $V_3(k)$ 或 $V_4(k)$ 作为选择资源的启发函数。

经研究,使用 $V_1(k)$ 的倒数 $V_5(k)$ 说明值越大,则 R_k 能力在可选资源中的比重越小,则优先级越低。$V_5(k)$ 越小,R_k 提供的可用能力部分比值越大,优先级越高。故可使用 $V_5(k)$、$V_6(k)$、$V_7(k)$ 进行任务到资源的选择[56-58],即

$$\begin{cases} V_5(k) = \dfrac{BR(k) - B(k,i)}{B(k,i)} \\[3mm] V_6(k) = T\_s_{l(k)} + Tt_{l(k)} + \dfrac{D_{l(k),i}}{V_k} + \dfrac{BR(k) - B(k,i)}{B(k,i)} \\[3mm] V_7(k) = \left(T\_s_{l(k)} + Tt_{l(k)} + \dfrac{D_{l(k),i}}{V_k} \right) * \dfrac{BR(k) - B(k,i)}{B(k,i)} \\[3mm] V_8(k) = (T\_s_{l(k)} + Tt_{l(k)} + \dfrac{D_{l(k),i}}{V_k}) + \lambda \cdot \dfrac{BR(k) - B(k,i)}{B(k,i)} \end{cases}$$

$$\tag{5.3.7}$$

5.3.2 加权的优先级排序法

由于前述公式是将资源到达任务时间和资源能力满足度加权相加或相乘,机动时间和能力满足程度是两个不同单位的量纲,并

且是由任务选择资源,任务选择中只选择了满足执行要求的任务,并且任务一旦确定,资源的优先级就是个固定值,不能简单的进行加权处理,而任务选择资源由于先选择了一部分资源而任务能力需求得到了改变,所以这种方法选取的资源虽经过裁剪还是有很多能力冗余。文献[138]中提出使用将资源到达时间和资源 — 任务能力距离矢量分别建立优先级列表排序,在两者排序中选择加权后的优先权高的资源分配到任务。这种方法使用了任务选资源和资源选任务双向选择,具体包括以下三个步骤:

1. 任务选择资源的优先权

任务选择资源的原则是尽可能早地完成本任务的处理并且尽可能多地利用为处理本任务而组合起来的能力,既要最小化任务的完成时间,又要使聚集的能力被充分利用。任务执行的结束时间由任务本身的执行时间和执行该任务的所有资源到达该任务区域的最迟时间两方面决定,选择尽快到达任务地点执行该任务的资源能最小化任务的完成时间。充分利用聚集资源的能力则必须最小化聚集资源能力的冗余,使聚集的资源能正好满足任务的能力需求就是最佳的资源组合分配方案。

为规范资源到达任务时间和平台对任务的满足度,定义任务选择资源的时间优先系数 $tr1(i,k)$ 为资源在执行完最后的任务后机动到当前需要执行的任务区域的到达时间;资源能力矢量距离优先系数 $tr2(i,k)$ 为资源提供和任务需求之间的能力差的绝对值,称为能力距离矢量,表示资源对任务的满足程度,计算公式为

$$
\begin{cases}
tr1(i,k) = T\_s_{l(k)} + Tt_{l(k)} + \dfrac{D_{l(k),i}}{V_k} \\
tr2(i,k) = \| ORCap_k - OTCap_i \| = \sqrt{\sum_{l=1}^{L} (ORCap_{kl} - OTCap_{il})^2}
\end{cases}
$$

$$(5.3.8)$$

显然,$tr1(i,k)$ 和 $tr2(i,k)$ 都是越小对任务的优先级越高,这样才能实现资源能力按任务需求集聚。当 $tr2(i,k) = 0$ 时,资源提供和任务需求的能力量完全吻合,满足度为 100% 。

在任务选择资源中,存在三种情况:可以使用未执行过任务的资源 R_0,随时调用,不需要从一个区域机动到另一个任务区域,则 $tr1(i,k) = 0$,只计算 $tr2$;执行过任务现在空闲资源 R_1 中资源,按公式计算;正执行任务资源 R_2 和故障资源 R_3 不参与分配,出现紧急情况下才参与分配归类到 R_0 和 R_1 中计算。

时间优先系数和资源能力矢量距离优先系数是两个不同范畴的概念,不能简单地进行加权运算。在此,按照 $tr1(i,k)$ 和 $tr2(i,k)$ 升序分别建立任务选择资源的优先级表 TRL1 和 TRL2,资源到达任务所在区域的时间越早,资源能力矢量与任务能力需求矢量之间的距离越小,资源匹配任务的优先级越高。p、q 分别为 $tr1(i,k)$ 和 $tr2(i,k)$ 在 TRL1 和 TRL2 中的排序号(相同值的序号相同),则任务选择资源的优先权按下式进行计算:

$$tr(i,k) = (p + q - 1) \times (p + q - 2) + p \quad (5.3.9)$$

由此可知,$tr(i,k)$ 值越小资源的优先级越高。

2. 资源选择任务的优先权

资源选择任务其实也就是要综合考虑自己最适合执行的任务并且机动到指定任务的时间最早的那个任务。在资源到任务匹配过程中,任务中存在着还没有处理的任务 $TS0$、正在执行的任务 $TS2$ 和已经执行完毕的任务 $TS3$ 三种任务。则资源选择任务的优先权 $rt(k,i)$ 是指当前处于空闲可用状态的资源对 $TS1$ 中的任务进行优先级排序。同样,为了从时间因素和能力矢量因素两方面综合考虑平台对任务的选择,同任务选资源类似,这里同样定义资源选择任务的时间优先系数 $tr1(i,k)$ 和任务能力需求矢量距离优先系数 $tr2(i,k)$。

对某一个具体的资源 R_k,其对任务选择的时间优先系数只需要考虑 R_k 当前在处理任务的区域到达待处理的各任务间的距离(假设如果 R_k 先前还没有处理过任务,则资源与当前待执行任务所在区域的距离为零)。而能力矢量差也是只需要考虑资源同当前待处理各任务之间的资源矢量差。由此,两种优先系数可定义为

$$\begin{cases} rt1(k,i) = \dfrac{D_{l(k),i}}{V_k}, (T_i \in TS3) \\ rt2(k,i) = \| ORCap_k - OTCap_i \| \\ \qquad\qquad = \sqrt{\displaystyle\sum_{l=1}^{L} (ORCap_{kl} - OTCap_{il})^2}, (T_i \in TS1) \end{cases} \quad (5.3.10)$$

式中各参数所代表内容同任务选资源。

同样,按照 $rt1(k,i)$ 和 $rt2(k,i)$ 升序分别建立资源选任务的优先级表 RTL1 和 RTL2,令 h、g 分别为 $rt1(k,i)$ 和 $rt2(k,i)$ 在各自序列 RTL1 和 RTL2 中的位置,则资源选择任务的优先权 $rt(k,i)$ 按下式进行计算:

$$rt(k,i) = (h+g-1) \times (h+g-2) + h \quad (5.3.11)$$

$rt(k,i)$ 值越小,任务的优先级越高。

3. 消除冲突

对选定的任务 T_i,执行任务区域确定,同时资源状态也确定,当任务选到某一资源,T_i 的 $tr1(i,k)$ 的排序是固定的。而且,任务选资源是按资源优先权选择,当选定某一资源来执行该任务后,任务的能力需求会随着资源提供的有用能力部分而得到部分满足,直到资源集合能力满足任务需求而停止选择,故 $tr2(i,k)$ 是随着对资源的选择变化的,则 $tr1(i,k)$ 随 $tr2(i,k)$ 变化而变化。

对于当前某一空闲可用资源 R_k 在选定任务之前状态固定,根据它对任务选择的优先权系数,因此任务的 $rt1(k,i)$ 固定;在任务选择资源之前,各个任务的能力总需求和资源自身提供的能力不变,所以 $rt2(k,i)$ 固定的,所以当确定了 R_k 和等待处理的任务集后也就确定了 $rt(k,i)$。

由于任务对资源的选择是当前的局部的选择,只考虑任务自身的需求,而资源对未处理任务的选择是全局选择,会出现 $tr(i,k)$ 与 $rt(k,i)$ 是不一致的情况,即冲突。两者之间的关系存在以下三种情况:同时为最小,任务选择资源的最佳分配;同时为最大,任务到资源的不能分配;一个大而另一个小,出现冲突。

当确定了任务选择资源在冲突情况下的优先级就解决了资源到任务分配问题。在任务分配过程中期望选择 $tr(i,k)$ 和 $rt(k,i)$ 优先级都尽可能高。记任务对资源选择的动态优先级列表为 TRL，资源对任务选择的静态优先级列表为 RTL，令 Str 和 Srt 分别为 $tr(i,k)$ 和 $rt(k,i)$ 在 TRL、RTL 中的排序值，采用加权方法解决分配中的冲突。记 $V_8(tr,rt)$ 两种选择优先权的折衷，则加权方法定义如下：

$$V9(Str,Srt) = (\lambda \times (Str - 1 - (Srt - 2)/\lambda) + 2 \times Srt - 2)$$
$$\times (Str + (Srt - 2)/\lambda)/2 + Str \qquad (5.3.12)$$

式中：λ 为权系数，通过调整 λ 值确定任务选择资源和资源选择任务的权重。这样，当任务选定后，就可以通过 $V_8(tr,rt)$ 来最终确定待选资源的优先级。由于有相同能力类型的资源，会出现两资源优先级相等，这种情况下采用人工选择或随机选择。

4. 改进的加权优先权法

文献[139]中以任务处理时间最短和最大化资源利用率（式(3.3.13)）为目标函数，使用了式(5.3.14) ~ 式(5.3.16)分别对应改进的加权任务和选资源分配优先级中。

$$\max Unility_{OR} = \max\left(\sum_{i=1}^{N}\sum_{j=1}^{L}OTCap_{ij} \Big/ \sum_{i=1}^{N}\sum_{k \in G(Ti)}\sum_{j=1}^{L}OTCap_{kl}\right)$$
$$(5.3.13)$$

式中：$Gp(Ti)$ 为处理任务 i 的资源组。

任务选择资源的优先级计算公式为

$$\begin{cases} tra(i,k) = (p + q - 1) \times (p + q - 2)/2 + p \\ trb(i,k) = (p + q - 1) \times (p + q - 2)/2 + q \\ tr(i,k) = \alpha \times tr\alpha + (1 - \alpha) \times trb \\ 0 \leqslant \alpha \leqslant 1 \end{cases} \qquad (5.3.14)$$

资源选择任务的优先级计算公式为

$$\begin{cases} rta(k,i) = (h + g - 1) \times (h + g - 2)/2 + h \\ rta(k,i) = (h + g - 1) \times (h + g - 2)/2 + g \\ rt(k,i) = \alpha \times tra + (1 - \alpha) \times trb \\ 0 \leqslant \alpha \leqslant 1 \end{cases} \qquad (5.3.15)$$

冲突消解中任务对资源的优先级计算公式为

$$\begin{cases} V_{10}a = (tr + rt - 1) \times (tr + rt - 2)/2 + tr \\ V_{10}b = (tr + rt - 1) \times (tr + rt - 2)/2 + rt \\ V_{10} = \beta \times V_9 a + (1 - \beta) \times V_9 b \\ 0 \leqslant \beta \leqslant 1 \end{cases} \quad (5.3.16)$$

在以上三个公式中,使用 α 调节时间优先权和能力距离优先权权重,α 越大,考虑时间因素越多;使用 β 调节任务选择资源和资源选择任务的优先权。这种方法更注重了资源利用效率,通过设置时间和能力权重和任务资源和资源选任务权重能更好地满足任务管理中不同指挥决策经验的需求。

5.3.3 仿真求解算法流程

使用 MATLAB 程序编写任务分配算法程序,程序包括初始化函数、时间更新、资源能力检查、任务选择、资源选择和甘特图 6 个主要子程序模块,具体流程如图 5.3.1 所示。

在整个任务分配流程中,全局变量为任务和资源状态,根据任务和资源状态,先选择任务在由确定的任务选择资源,在资源选择中,使用不同的方法,并根据不同的资源选择启发信息编制了不同的资源选择函数,只须更改资源选择子程序中即可,选择执行任务的资源存入任务资源向量,一组资源构成了执行任务的任务综合体。然后再不断地进行任务和资源选择,直到没有满足执行条件的任务或没有满足任务执行要求的资源组进入时间更新子程序,更新任务完成时间和任务状态为 finish,释放执行任务的平台,检查任务是否执行完,若完则根据任务开始时间、执行时间和执行任务的资源组向量画出任务分配甘特图。若没有执行完则检查当前有没有可执行的任务和可用资源能力能否满足任务能力需求,不满足继续时间更新,否则选择任务再分配资源,如此循环。

使用加权排序的方法资源选择流程如图 5.3.2 所示,通过任务选择资源,然后再计算所有相关资源对所有未任务的优先级排序中对选定任务的排序,最后加权确定资源优先级选定资源到任

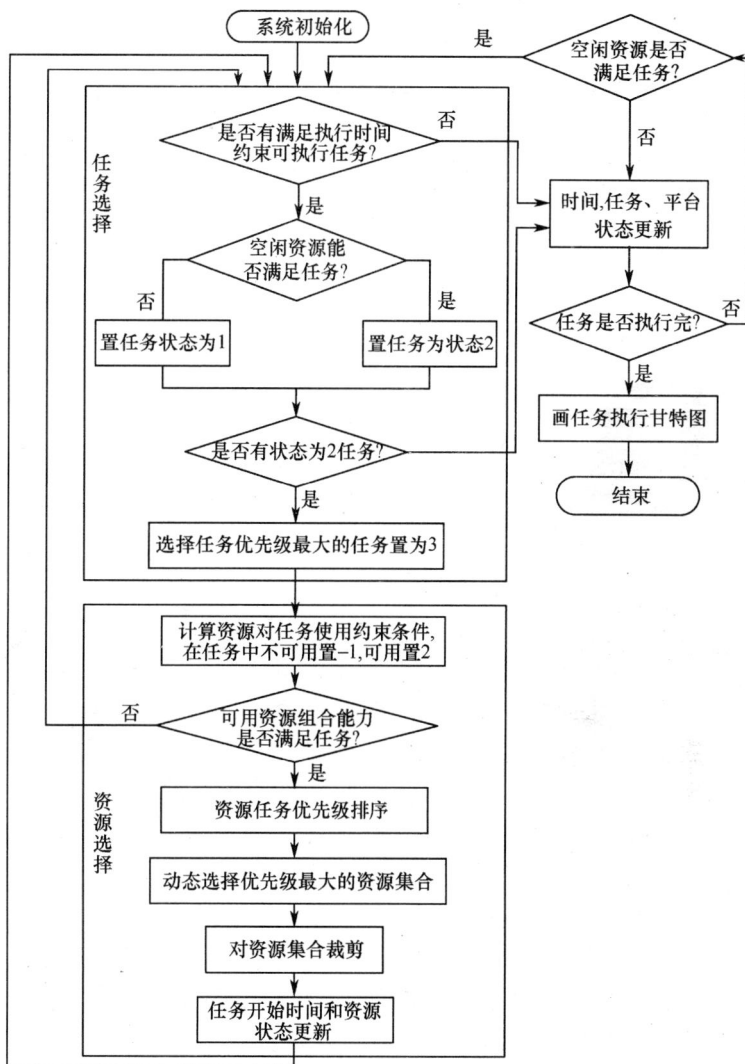

图 5.3.1 启发式搜索算法流程图

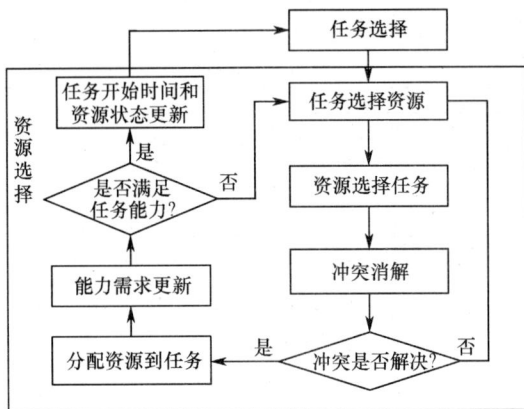

图 5.3.2　加权算法资源选择过程流程图

务,更新任务能力需求直到满足任务。

5.4　仿真结果及分析

经过仿真求解,根据不同的资源到任务的启发信息得到了不同的分配方案,使用能力满足度方案 V_6 和 V_8 得到的分配结果如图 5.4.1 ~ 图 5.4.5 所示。

使用 V_3、V_4 方法由于时间和能力满足度两个选择标准不一样,没有得到好的求解结果,这里不再列出任务分配甘特图。

V_6 是 V_8 在 $\lambda = 1$ 时的一种特殊情况,得到的分配结果如图 5.4.1 和图 5.4.2 所示,由于任务 T_1 和 T_2 有相同的任务需求和关键路径系数,而两者的任务需求中第三类资源只有资源 R_2 能够满足,所以发生两个任务争夺一个资源的情况,在这种简化模型情况下没有更多的标准决定两个任务对资源的优先权,在程序中使用随机函数选择其中之一先执行得到资源,所以在每中情况下都得到两种方案,一个是 T_1 先执行,一个是 T_2 先执行。通过不断修改 λ 试探得到:在 $\lambda = 1$ ~116.3 时得到和 $\lambda = 1$ 相同的结果,当 $\lambda \geqslant$ 116.4 时得到相同的分配方案,如图 5.4.3 ~ 图 5.4.5 所示。

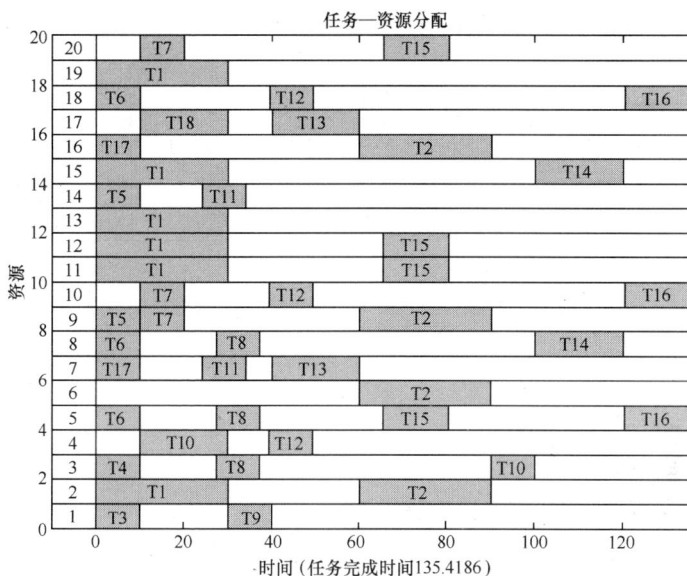

图 5.4.1 使用 V_6 资源分配甘特图（一）

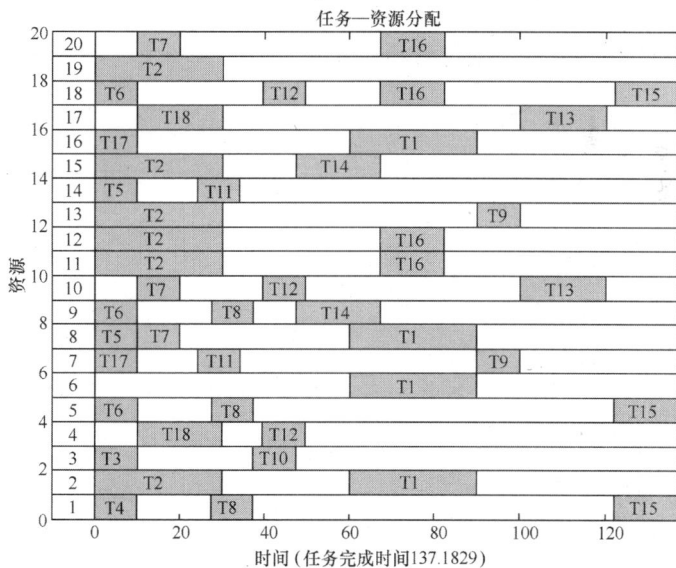

图 5.4.2 使用 V_6 资源分配甘特图（二）

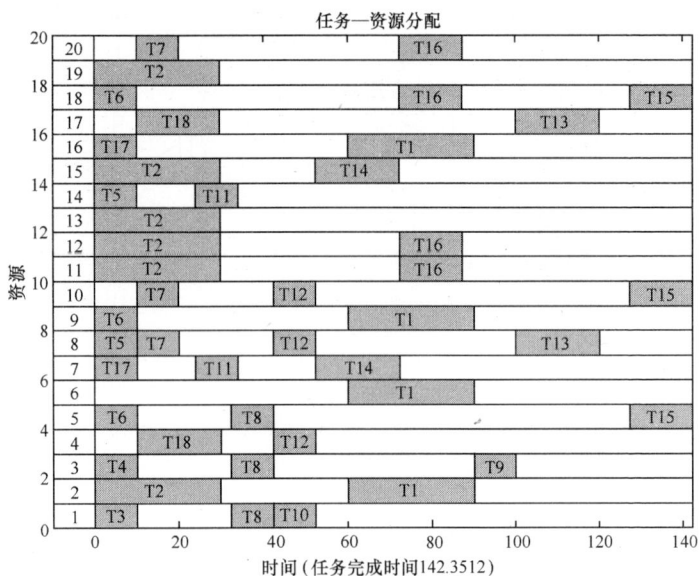

图 5.4.3　使用 V_8 资源分配甘特图(一)

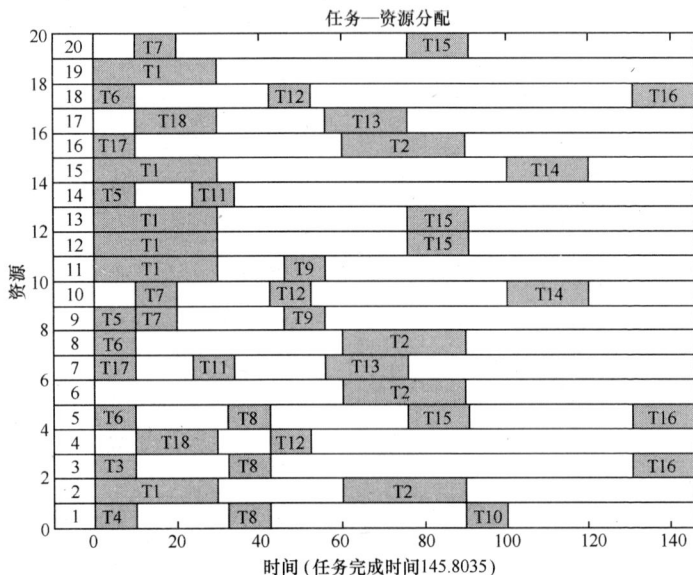

图 5.4.4　使用 V_8 资源分配甘特图(二)

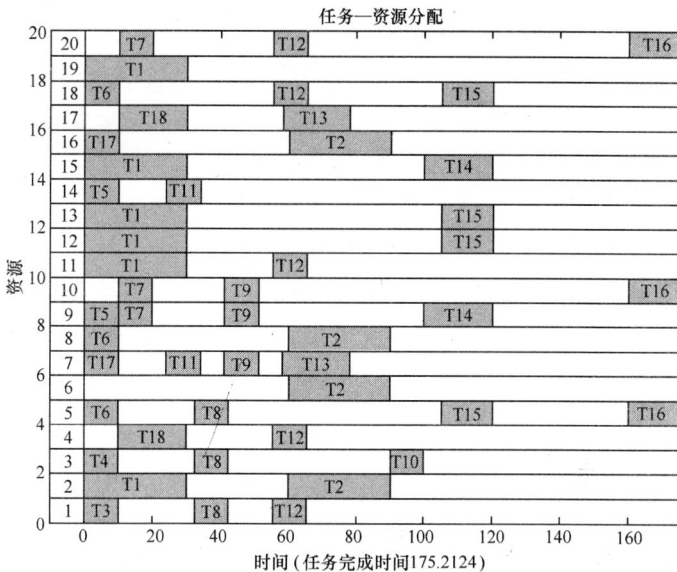

图 5.4.5 使用 V_8 资源分配甘特图(三)

使用 V_9 得到的分配方案如图 5.4.6 ~ 图 5.4.9 所示,$\lambda = 1$ 说明时间所占权重较大,以时间最短为目标函数,通过排序,得到如图 5.4.6 和图 5.4.7 所示的方案。由于 T_1 和 T_2 优先级相同,因此出现了两种方案。在 λ 取值不同时所得到的结果不同,由于得到的方案很多,这里只列举几种,这种以时间和能力距离矢量排序的方法能动态更新任务能力需求,但忽略了由于先分配得到的能力冗余部分能力,使得能力冗余有时仍然较大。即使是时间和能力之间加权排序,但由于最后执行的任务的开始时间很大,而任务能力距离矢量的大小决定了资源到任务的分配,所以由于机动时间的原因导致任务 T_{15} 开始时间很晚,如图 5.4.9 所示。由于 R_{18} 能力距离小而得到的综合排序优先于 R_5,但若选择 R_5 代替 R_{18} 则会满足任务能力需求并提前 T_{15} 的开始时间。所以在后期的任务可以人工交换一些分配方法将会缩短任务完成时间和提高资源利用率。这种算法计算量明显比一般的启发方法的计算量大,但适合得到多种分配方案。

任务—资源分配

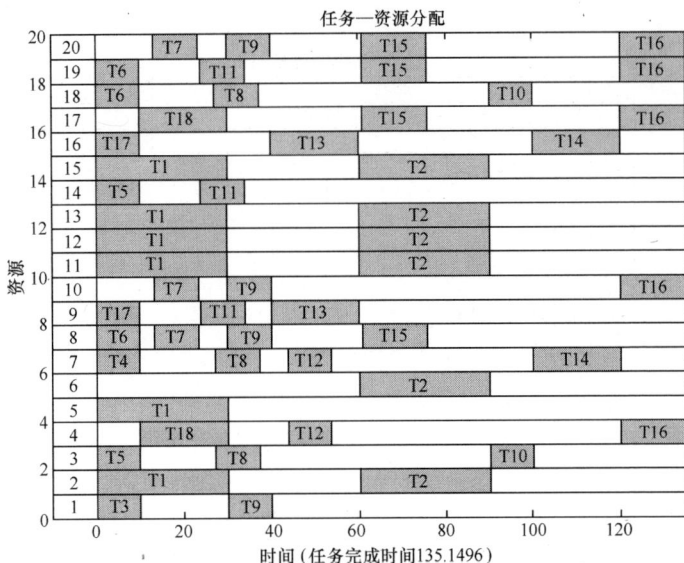

图 5.4.6　使用 V_9,$\lambda = 1$ 资源分配甘特图（一）

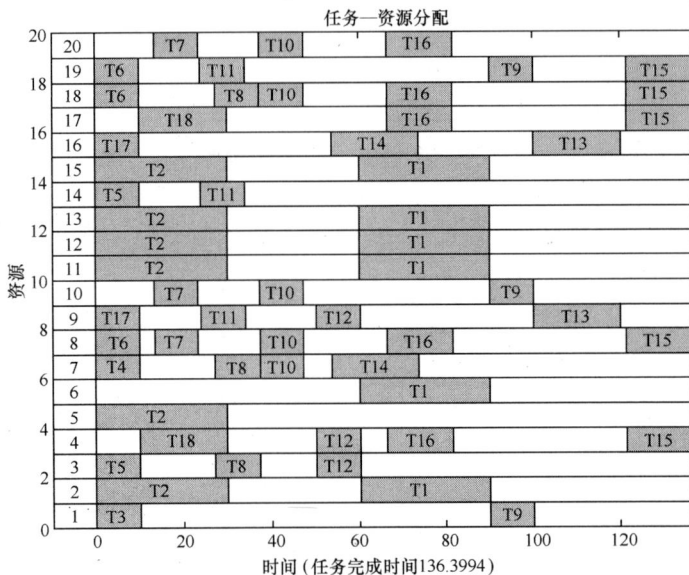

任务—资源分配

图 5.4.7　使用 V_9,$\lambda = 1$ 资源分配甘特图（二）

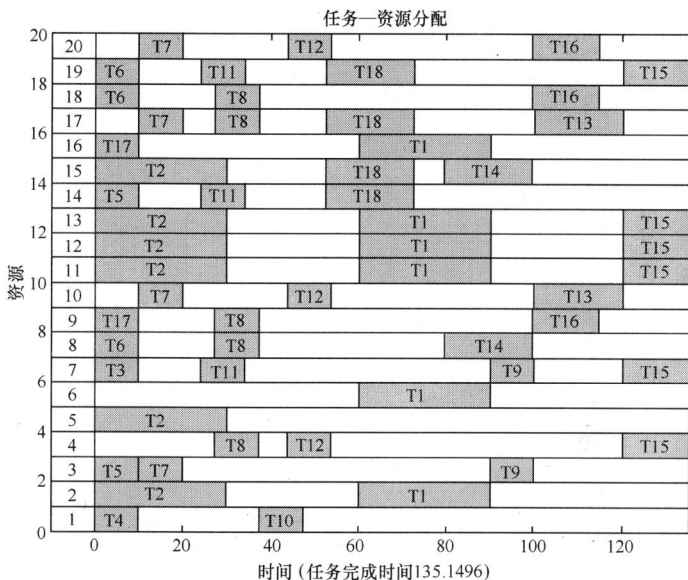

图 5.4.8　使用 $V_9, \lambda = 2$ 资源分配甘特图

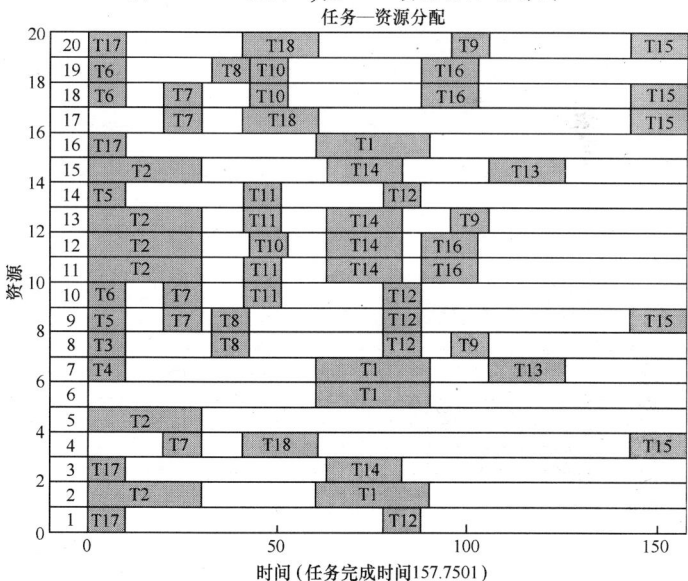

图 5.4.9　使用 $V_9, \lambda = 5$ 资源分配甘特图

使用 V_{10} 为启发信息在典型的 α、β 值时得到的方案如图 5.4.10 ~ 图 5.4.14 所示。每种参数下有多种方案,只选择较优方案列出。比较发现:当 α 值较大时,更注重时间优先级,最终完成的时间较短,α 值较小时,更注重资源优先级;当 β 值较大时,更注重任务选择资源,这时算法注重资源对任务的满足度,当 β 值较小时,更注重资源选择任务的优先权。在 $\alpha = 1$、$\beta = 1$ 时得到本方案中最优方案,说明在任务选择资源的情况下,完全使用时间优先权系数得到了最优值。也说明时间和能力利用率有时是成正比的关系,又由于资源在不同任务之间机动路径较短,因此特别是资源能力受限制的情况下两者是正比关系。

通过以上结果比较发现,使用基于时间和能力满足度为启发信息的搜索算法容易得到较优的方案,算法简单,但得到的方案较少。使用加权排序的方法,通过调整 λ 值能得到多种的分配方案,通过调整 λ 在时间和资源能力利用率之间进行调整,特别适合还

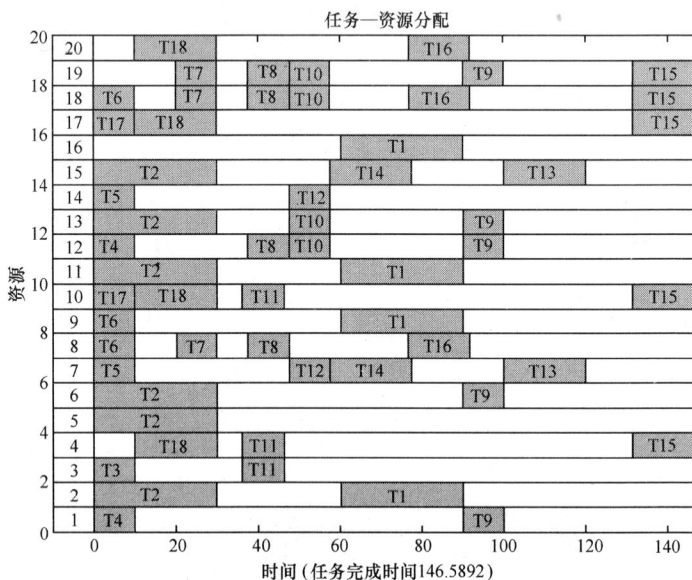

图 5.4.10　使用 V_{10},$\alpha = 0$,$\beta = 0$ 资源分配甘特图

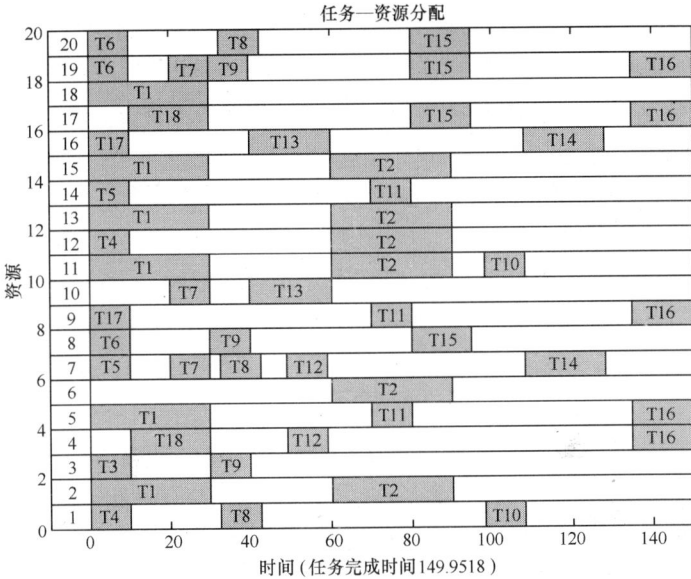

图 5.4.11 使用 $V_{10}, \alpha = 1, \beta = 0$ 资源分配甘特图

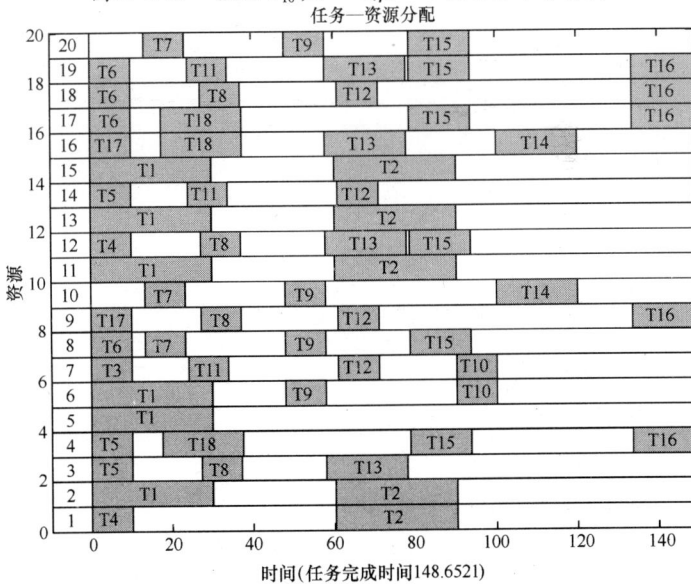

图 5.4.12 使用 $V_{10}, \alpha = 0, \beta = 1$ 资源分配甘特图

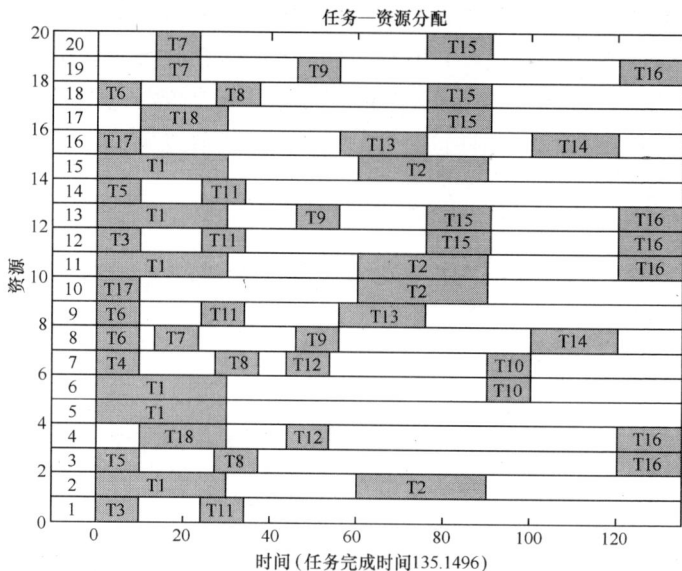

图 5.4.13　使用 V_{10}, $\alpha = 1$, $\beta = 1$ 时资源分配甘特图

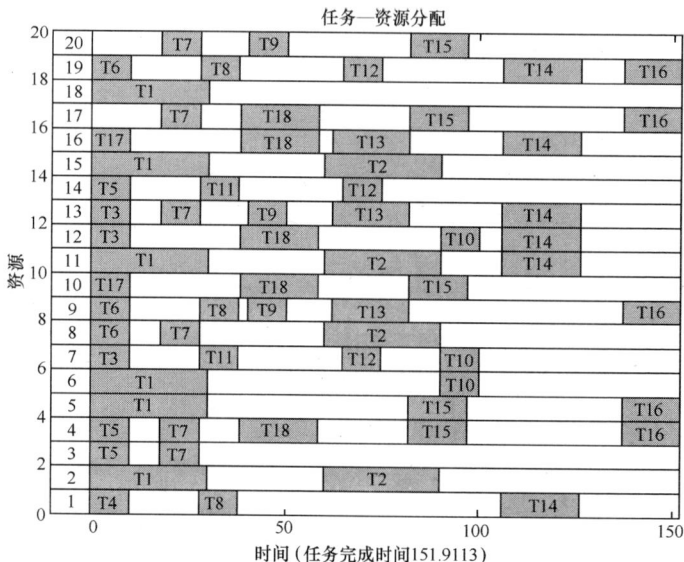

图 5.4.14　使用 V_{10}, $\alpha = 0.5$, $\beta = 0.5$ 资源分配甘特图

有其他目标函数联合使用的情况,如通信量、精确度等。使用改进的加权方法是在任务选择资源、资源选择任务和时间、能力距离矢量之间加权组合,在能力和时间之间得到权衡。这些方法的共同之处是由于后面的任务开始时间很大,容易造成资源选择过程中选择能力距离近而开始时间大的资源,所以须通过调整交换一些资源方能得到最优的满意方案。

5.5 计划辅助生成

海上联合机动编队作战计划是由兵力从集节点开始的航渡接敌、战术展开、实施突击、兵力撤收等作战行动构成。编队作战计划的生成分为两个阶段:作战准备阶段和作战实施阶段。第一阶段的主要功能是在明确上级任务和敌情判断的基础上首先确定我方的兵力编成,然后制订多个作战方案供指挥员选择,最后在指挥员确定的决心方案的基础上进行详细的计划规划;第二阶段的主要功能是实时掌握战场态势(敌、我、环境),监视敌方兵力事件和我方兵力行动,适时地进行情况综合判断,在人工干预下修改或部分修改作战方案,调整兵力协同,指挥引导兵力计算,实施实战指挥等。其过程如图 5.5.1 和图 5.5.2 所示。

目前,作战计划辅助生成方法包括基于规则的方法、基于案例的方法、基于约束的方法、基于语境的方法、基于神经网络的方法以及神经网络和基于规则的方法相结合等。这些方法各有自己的

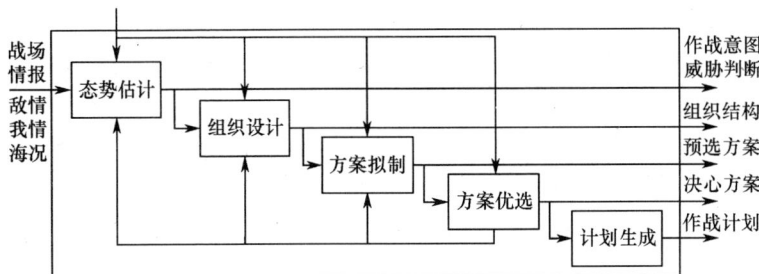

图 5.5.1 作战准备阶段的作战计划生成流程

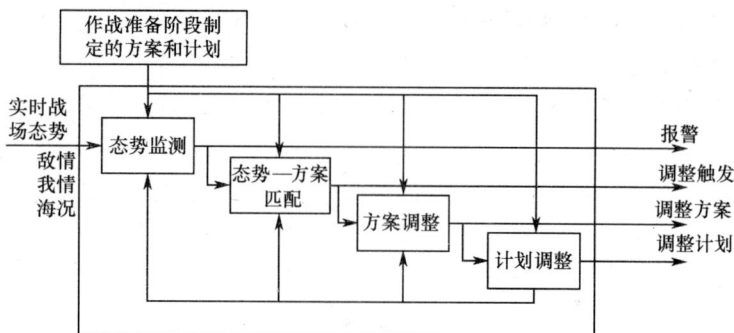

图 5.5.2　作战实施阶段的作战计划生成流程

优势,但也存在一些不足之处。尤其是由于海上兵力作战任务的快速性和分散性,决定了作战指挥决策过程是分布式的;又由于环境的不确定性和任务的多样性、人员和资源的变化等,决定了指挥决策组织结构是不断变化的,这样就有必要开展在不确定条件下的分布式的作战计划辅助生成方法的关键技术研究,主要包括:不确定性知识的表示和不确定推理方法的研究;基于效果的联合作战计划生成方法的研究;知识共享和协同规划方法的研究等。

动态贝叶斯网络(DBN)是以概率网络为基础,把原来的静态网络结构与时间信息结合,形成具有处理时序数据的新的随机模型。其在话音识别、股票市场反应、视频跟踪、生物进化过程等大信息量处理方面有广泛的应用,尤其在描述非线性、时序性、演化性、不确定性以及处理时序数据、表达多层知识等方面具有深厚的理论支持并具有较强的优势。DBN 的典型形式有离散状态变量的图形模式隐马尔科夫模型(HMM)和连续状态变量表达的图形模式 Kalman 滤波,其相应的推理方法比较成熟。

为了对 DBN 的建模、学习和推理过程进行简化,当前几乎所有对 DBN 的研究都遵循两个前提假设:第一个是马尔科夫假设,即每一时刻的状态变量集合只与前一个时刻的状态变量的取值有关;第二个是时不变假设,即在相邻两个时刻的状态变量之间的转移概率、每个时刻的状态变量集及状态变量间定性的依赖关系是独立于时间的,不会随着时间而改变。然而,在海上联合机动编队的作战计划生成过程中,这两个假设都不能同时得到满足,因而,需要研究在非马尔科夫环境下的作战计划生成过程的有效建模。

结合前面提到的在不确定条件下的分布式的作战计划辅助生成方法的关键技术研究问题,本章将涉及以下两个部分的内容:

(1)多 Agent 的编队作战辅助决策支持系统(MADSS)的建模方法(解决面向多任务的编队动态组织结构下的知识共享和协同推理问题)。

(2)基于 DBN 的 MADSS 作战计划生成方法研究(解决不确定情况下基于效果的联合作战计划生成问题)。

5.5.1 多 Agent 辅助决策的建模

1. 通用作战决策 Agent(DMA)的结构模型

目前,各国竞相开展以信息化条件下指控系统的研究工作,尤其以网络条件下的指控系统的协同及协同效果成为当代研究的热点问题。编队作战指挥决策过程强调了组织行为和通信技术的职能,具有分布式和并行式的特点,在结构上和形式上和多 Agent 系统具有一定的相似性,而 Agent 理论的研究进展又使得 Agent 成为编队作战指挥智能决策系统的最合适的载体。因而将多 Agent 技术与编队作战指挥决策支持系统结合是可行的。

参照美海军 CEC 系统,结合面向任务的编队作战决策知识共享的特点,设计一个通用的作战决策智能体,作为分布式编队作战决策支持系统中的智能决策子节点。

作战决策智能体(DMA)由信息分发智能体、作战任务规划智能体和知识获取智能体三种典型的 Agent 以及本地知识库、数据库和模型库构成,其具体的数学定义见 5.2 节。

决策过程模型如图 5.5.3 所示

信息分发 Agent 主要完成以下任务:

(1)监控战术事件的出现,并且从战术事件中获取对应的战术事件信息,并将信息提供给作战任务规划 Agent。

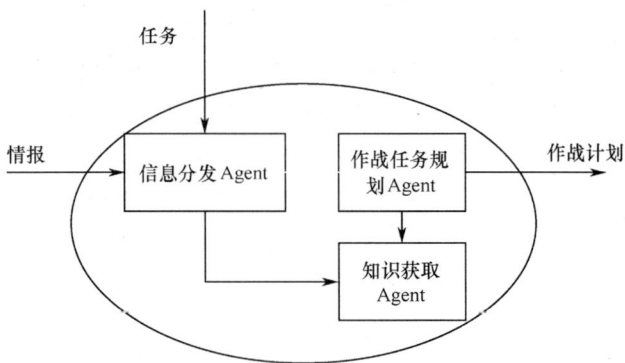

图 5.5.3 决策过程模型

（2）接收其他作战决策 Agent 节点传送来的战术事件信息和知识获取请求信息。

（3）根据本作战决策 Agent 节点的自身要求融合接收到的信息。

（4）将要发送的信息传输给其他的作战决策 Agent 节点。

其结构模型如图 5.5.4 所示。

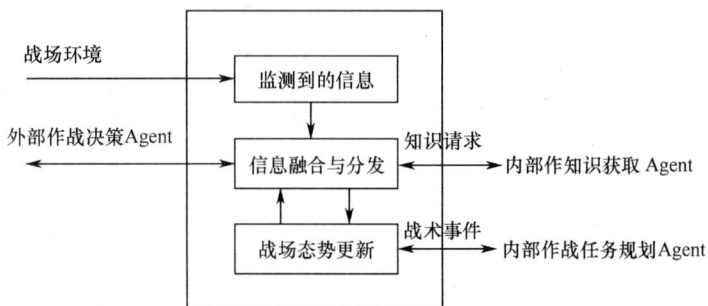

图 5.5.4 结构模型图

作战任务规划 Agent 主要包括协作模块、规划模块和反应模块。其中，协作模块负责本智能体与其他智能体进行协作，同时制订相应的协作计划；规划模块负责制订智能体需要完成的任务计划，它可能是原有计划的一个子计划，也可能是一系列可直接执行的行动；反应模块负责直接、迅速地处理简单、突发的事件。如果在

106

任务规划过程中发现知识短缺,将向同一节点内的知识获取
Agent 发出请求,由其提供所需知识,若本节点内的知识获取
Agent 无法满足所需的知识,可通过信息分发 Agent 向外部作战决
策 Agent 节点发出请求。结构模型如图 5.5.5 所示。

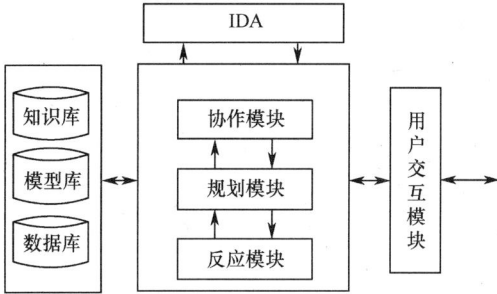

图 5.5.5 FA 的结构模型

知识获取 Agent 构建单独的知识获取 Agent 可以简化系统的
功能结构,便于维护,也利于软件复用和知识的共享。结构模型如
图 5.5.6 所示。

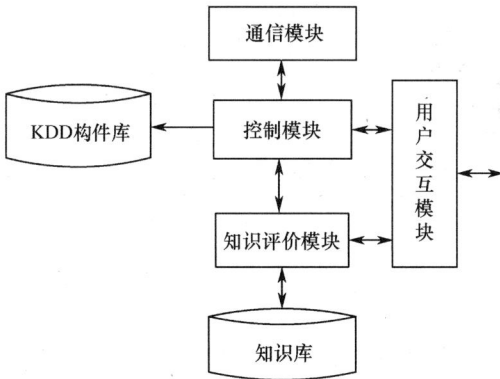

图 5.5.6 KOA 的结构模型

在知识获取 Agent 中,控制模块作为执行知识获取任务的主
控制器。知识获取 Agent 在接受了一个知识获取任务后,若为本节
点任务,控制模块根据知识类型从知识发现构件库中调用合适的

知识发现构件,从本地数据库中挖掘相应的知识。如果该知识需要其他智能决策节点得到,控制模块则通过通信模块将该任务传递给信息分发 Agent,由信息分发 Agent 将该任务传递给相应节点的知识获取 Agent,并等待回应。

2. 基于 DMA 的编队作战指挥决策支持系统的组织结构构建

层次型编队作战指挥决策支持系统的决策过程是一个多层次决策的过程,层间体现了编队组织指挥的控制关系,层内体现了编队的任务协同关系。因而,其构建也是一个分布式多层次的实现过程。其构建过程可划分为三个过程:作战决策 Agent 群的建立、工作和解体。

在编队指挥决策支持系统的事件监测报警驱动下,编队中心决策层的作战决策 Agent 通过感知到的事件信息,依据信息分发 Agent 中所登记的下层作战决策 Agent 的工作状态来建立海上编队决策组织功能。

任务编组范围内的不同作战决策 Agent 也及时响应环境信息,根据自身实现的功能向所属的信息分发 Agent 登记加入任务编组。

层间信息分发 Agent 根据组织结构来建立作战任务规划 Agent 之间的决策协作功能,层内信息分发 Agent 根据要完成的任务建立作战任务规划 Agent 之间的通信协作功能。

编队决策支持系统的 DMA 组织结构是兵力组织决策实体、平台实体在任务执行上的兵力单元之间的指挥控制关系的体现,这种关系可表示为

$$G_{\text{OR}} = \{R_{\text{P-T}}, R_{\text{DM-P}}, R_{\text{DM-DM}}\} \qquad (5.5.1)$$

式中:$R_{\text{P-T}}$ 为平台与任务之间的关系;$R_{\text{DM-P}}$ 为决策实体与平台之间的关系;$R_{\text{DM-DM}}$ 为决策实体之间的关系。

编队决策支持系统的 DMA 组织结构的设计可描述为

$$G_{\text{OR}}^* : (G_{\text{T}}, P, DM) \xrightarrow{\text{max}EOP} G_{\text{OR}}$$

其实现方法参考了 Georgiy M. Levchuk 的兵力组织结构设计三阶段方法,其过程如图 5.5.7 所示。

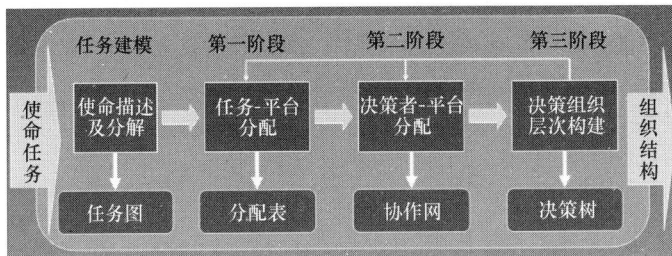

图 5.5.7　过程模型图

第一阶段的任务 — 平台关系设计的目标是在满足任务资源需求的情况下提高平台资源的利用率、缩短完成任务过程的时间，同时，减少作战平台在任务执行上不必要的协作以降低第二阶段组织协作网和第三阶段决策层次结构设计的复杂性，提高完成使命的有效性。在这一阶段要充分考虑任务的时序约束、资源需求、资源能力以及地理环境和任务转换的约束。问题可描述为

$\min Y$

$$
\text{s. t.} \begin{cases}
\displaystyle\sum_{j=0}^{N} x_{ijm} - w_{im} = 0 & i = 1,\cdots,N; m = 1,\cdots,K \\[2ex]
\displaystyle\sum_{j=0}^{N} x_{jim} - w_{im} = 0 & i = 1,\cdots,N; m = 1,\cdots,K \\[2ex]
\displaystyle\sum_{i=0}^{N} x_{i0m} = \sum_{j=0}^{N} x_{0jm} = 1 & \\[2ex]
s_i - s_j + x_{ijm} \cdot \left(\dfrac{d_{ij}}{v_m} + a_{ij} \cdot T \right) \leqslant a_{ij} \cdot T - t_i, & \begin{aligned} & i,j = 1,\cdots,N; \\ & m = 1,\cdots,K \end{aligned} \\[2ex]
\displaystyle\sum_{m=1}^{K} r_{ml} \cdot w_{im} \geqslant R_{il} & i = 1,\cdots,N; l = 1,\cdots,L \\[2ex]
s_i - Y \leqslant -t_i & i = 1,\cdots,N \\[1ex]
0 \leqslant Y \leqslant T & \\[1ex]
s_i \geqslant 0 & \\[1ex]
x_{ijk}, w_{ik} \in \{0,1\} &
\end{cases}
$$

$$\tag{5.5.2}$$

其中：

$$\text{分配变量}: w_{im} = \begin{cases} 1, & \text{当平台 } p_m \text{ 分配任务 } t_i \text{ 时} \\ 0, & \text{其他} \end{cases}$$

转移变量：

$$x_{ijm} = \begin{cases} 1, & \text{当平台 } p_m \text{ 完成任务 } t_i \text{ 后再分配给任务 } t_j \text{ 时} \\ 0, & \text{其他} \end{cases}$$

顺序变量：

$$a_{ij} = \begin{cases} 1, & \text{当任务 } t_j \text{ 只能在任务 } t_i \text{ 完成后才能开始} \\ 0, & \text{其他} \end{cases}$$

目标函数：$Y = $ 所有任务完成所需时间。

任务 —— 平台关系设计问题的数学描述是混元线性规划问题，这一问题可以转化为状态空间的搜索求解，可供选择的算法有多优先级动态规划、多优先级列表规划和粒子群算法等。

第二阶段的设计任务是平台根据任务进行聚类，不同类分配给不同的决策者，同时这些决策者也继承了相应的任务分配，这一阶段平台聚类的目标是最小化决策者的工作负载。问题可描述为

$\min C_w$

$$\text{s. t.} \begin{cases} \sum\limits_{m=1}^{D} x_{mj} = 1 & j = 1, \cdots, K \\ y_{nmi} \geqslant w_{ji} \cdot x_{mj} & m, n = 1, \cdots, D; i = 1, \cdots, N; j = 1, \cdots, K \\ y_{nmi} \geqslant w_{ji} \cdot x_{nj} & m, n = 1, \cdots, D; i = 1, \cdots, N; j = 1, \cdots, K \\ C_w \geqslant W^I \cdot \sum\limits_{j=1}^{K} x_{nj} + W^E \cdot \sum\limits_{m=1, m \neq n}^{D} \sum\limits_{i=1}^{N} y_{nmi}, & n = 1, \cdots, D \\ x_{nj}, y_{nmi} \in \{0, 1\} \end{cases}$$

$$(5.5.3)$$

其中：

$$\text{分配变量}: x_{mj} = \begin{cases} 1, & \text{当平台 } p_j \text{ 分配给决策者 } DM_i \text{ 时} \\ 0, & \text{其他} \end{cases}$$

内部协作量：W^I

110

外部协作量:W^E

平台——决策者关系设计问题的求解是二元线性规划问题,这一问题中变量的结构关系使得这一问题的求解优化算法更简单,可供选择的算法有动态规划、分解算法和层次聚类法等。

联合任务的处理确定了决策者与决策者之间的外部协作量,决策者同其决策内部决策之间的协作就描述了一个协作网,在这个协作网里,节点就是决策者,边代表了决策者之间协作,边的权重等于所需的协作量。第三阶段的设计任务是确立组织内决策者之间的协作网包括两个最小的优化目标:一是组织中决策者之间的最大外部协作量最小化,二是组织结构上总的间接协作量最小化。问题可描述为

$$\min W_{\text{MAX}}$$

$$\text{s. t.}\begin{cases} \sum\limits_{i,j=1}^{D} e_{ij} = D-1 & j = 1,\cdots,K \\[2mm] \sum\limits_{j=0}^{D} e_{j0} = 0, \sum\limits_{j=0}^{D} e_{ji} = 1 & i = 1,\cdots,D \\[2mm] l_j \geq l_i + 1 + (e_{ij}-1)(D+1) & i,j = 1,\cdots,D \\[2mm] e_{ij} + e_{ji} + \sum\limits_{k=1}^{D} z_{ijk} \geq d_{ij} & i,j = 1,\cdots,D \\[2mm] e_{ik} + e_{ki} + e_{jk} + e_{kj} \geq 2 \cdot z_{ijk} & i,j,k = 1,\cdots,D \\[2mm] W_{\text{MAX}} \geq W^I \cdot I(n) + W^E \cdot (E(n) + \sum\limits_{i<j} z_{ijn}c_{ij}), n = 1,\cdots,D \\[2mm] e_{ij}, z_{ijk} \in \{0,1\} \end{cases}$$

$$(5.5.4)$$

其中:

直接连接变量:

$$e_{ij} = \begin{cases} 1, \text{决策树中节点 } i \text{ 与 } j \text{ 有之间的连接} \\ 0, \text{其他} \end{cases}$$

间接连接变量:

$$z_{ijk} = \begin{cases} 1, 决策树中节点 i 与 j 通过 k 有连接 \\ 0, 其他 \end{cases}$$

内部协作量:$I(n)$

外部协作量:$E(n)$

决策组织层次关系设计问题的实质是基于第二阶段的设计所得到的平台——决策者协作网生成决策树,其求解是二元规划问题。可供选择的算法有 Gomory – Hu 树生成算法。

总之,通过兵力资源的优化配置、指挥人员的层次结构和信息交流协作链接的调整来减少作战组织的冗余协作,从而达到减少指挥人员(DMA)并提高作战组织的运作效率,以实现组织优化设计的目标。最终,可以构建一个能够反映当前作战任务的最优的多 Agent 的编队作战辅助决策支持系统。其具体构建结果如图 5.5.8 所示。

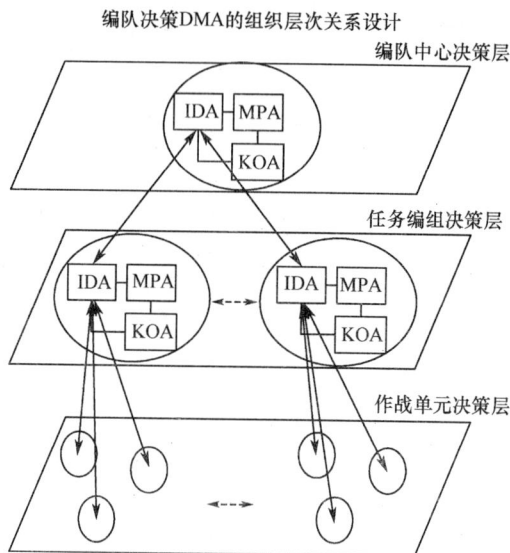

图 5.5.8　关系构建图

5.5.2　基于 DBN 的多 Agent 计划生成

海上舰艇编队对抗双方的作战行动过程中都是依据特定的战场态势和期望的目标而部署相应的行动,在这一环境中敌方的行动就是事件,环境状态是战场态势的反应。因此,可以认为事件、行动是通过战场环境状态关联的。战场态势的变化过程就是具体的行动过程和事件序列相互作用的结果。海上兵力对抗过程的概念模型由任务集(T)、平台集(P)、环境(En)、行动集(A)和行动效果(EOA)五类要素构成:

$$CP = (T,P,En,A,EOA)$$

式中:$T = T_W \cup T_D$,$P = P_W \cup P_D$ 和 $A = A_W \cup A_D$ 皆包括我方和敌方两个子集。

以上五要素之间的关系如图 5.5.9 所示。图中的虚线表示一方可以通过所监测到的另一方的部分或全部的行动(视为事件)来推测对方的意图,作为己方下一步行动的参考。

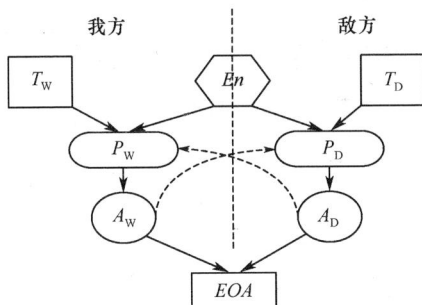

图 5.5.9　要素关系图

为了进一步揭示海上兵力在时间轴上的对抗演化和计划生成的过程,首先为本节第一部分中的决策 Agent(DMA)建立一个 HMM 模型,如图 5.5.10 所示。

该模型中的 DMA 的行为遵循以下规则:

(1) DMA 所处的内部状态是有限的,在每个离散时间步, Agent 按一定的概率从一个内部状态转移到另一个内部状态。

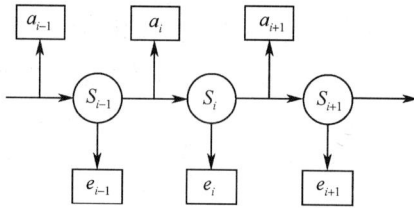

图 5.5.10　SHORE 决策过程模型

（2）DMA 的下一个状态 S_{t+1} 仅由当前状态 S_t 决定。

（3）DMA 的每个状态转换（$S_t \xrightarrow{\text{事件触发}} S_{t+1}$）唯一决定当前所采取的行为 a_{t+1}。

（4）假定 DMA 的内部状态与环境之间存在概率意义上的关联关系，则当前环境变量 e_t 仅由 DMA 的当前状态 S_t 决定。

于是，DMA 及其所处环境可表示为

$$DMA = (S, A, En, T, B, R, \Pi)$$

式中：$S = \{s_i\}$ 是 DMA 所有内部状态的集合；$A = \{a_i\}$ 是 DMA 所有可能行为的集合；$E = \{e_i\}$ 是所有环境变量的集合；$T = \{t_{ij} = P(s_{t+1} = j \mid s_t = i) \mid i, j \in S, \forall t\}$ 是模型的状态状态转移矩阵；$B = \{b_{ij}(a) \mid i, j \in S, a \in A, \forall t\}$ 是所有状态转移中 DMA 所采取行为的概率函数的集合，$b_{ij}(a) = P(a_{t+1} = a \mid s_t = i, s_{t+1} = j)$；$R = \{r_i(e) = P(e_t = e \mid s_t = i) \mid i \in S, e \in E, \forall t\}$ 是各种状态下环境变量的概率的集合；$\Pi = \{\pi_i = P(s_0 = i \mid i \in S)\}$ 是初始情况下 DMA 所处状态的概率分布。

根据前面采用的 Georgiy M. Levchuk 的兵力组织结构设计三阶段方法，可以构建系统中的 DMA 协同关系网。

最优策略的产生可以做出如下数学描述，它表示在达到期望的目标状态的前提下获得各期望效果的联合概率最大，即

$$
\begin{aligned}
P^* &= \arg \max_{P \in \theta} P_e \{ E \mid Tr(P) \} \\
&= \arg \max_{P \in \theta} P_e \{ ef_1, ef_2, \cdots, ef_g \mid Tr'(P) \} \\
&= \arg \max_{P \in \theta} \Big[\overset{g=i=1}{O} P_e \{ ef_i(t_e) \mid Tr'(P) \Big]
\end{aligned}
\tag{5.5.5}
$$

对每一个 DMA 而言,由于当前所采取的行为 a_{t+1} 由其状态转换($Tr'(P):S_t \xrightarrow{\text{事件触发}} S_{t+1}$)唯一来决定,所以 DMA 的作战行动规划的重点就落在了对当前状态 S_t 的判定上,即要求 $P(s/e)$:

$$\text{Pr}(s/e) = \frac{\text{Pr}(s/e)\text{Pr}(s)}{\text{Pr}(e)} = \frac{\text{Pr}(s/e)\text{Pr}(s)}{\sum \text{Pr}(s/e)\text{Pr}(s)} \tag{5.5.6}$$

现有的这种方法是针对已经构建完成的贝叶斯网络来进行推理。在实际战场环境的演化过程中,首先,我们无法预知战场上所有的敌方作战平台。尽管随着检测技术的发展,我们已经可以更容易地获得敌方战场兵力的信息,但是由于传感器系统本身仍存在问题,同时敌方会采取欺骗、隐身等方式,因此,我们对于战场上敌方的参战兵力仍存在不确定性。其次,我们无法预知敌方平台的所有行动。尽管我们可以通过所掌握的军事专家知识对敌方行为进行分析和预测,但是由于战场环境的复杂多变,以及参战人员主观能动性的影响,我们并不能对敌方行为完全进行建模。因此,在不同的环境状态下会产生不同的行动集和事件集,动态贝叶斯网络的节点集合是变化的,这使得描述动态的贝叶斯网络比较困难。这就要求在任务规划过程中动态建立所需的贝叶斯网络。

我们可以通过用贝叶斯网络建立知识基,在此基础上构建特定的实时态势网络来反映当前战场态势。贝叶斯网络的自动构建方法可以分解为如下三个步骤:

(1)构建可重用的贝叶斯网络模块,组成模板库。根据编队作战计划的层次特征,可以分别建立包括功能群、相互作用群和兵力编群方式三类不同层次的贝叶斯网络模块的模板库。

(2)根据检测到的战场军事事件,实例化军事事件所支持的网络模块。在任务规划过程中,根据得到的战场军事事件,在贝叶斯网络模块模板库中进行搜索。如果某个网络模块中包括该事件,则实例化该模块,包括实例化功能群模块、实例化相互作用群模块、实例化兵力编群方式贝叶斯网络模块。

(3)组合实例化的贝叶斯网络模块,形成完整的贝叶斯网络进行态势估计和任务规划。在完成网络模块的实例化后，可以根据获得的军事事件集合，对实例化的网络模块进行信度更新，即以事件作为证据，计算网络模块中各节点的后验概率。根据更新后各模块的状态，选择合适的网络模块组合成贝叶斯网络，进行任务规划，包括更新网络模块信度值、选择合适的网络模块、组合所选择的网络模块等。

第6章 对空防御目标智能分配

6.1 对空防御中的指挥控制

未来海上战争的主要样式将转变为海上编队在"网络中心战（Net-Centric Warfare, NCW）"的模式下进行分布式协同作战。网络中心战即使用计算机、高速数据链和网络软件等，将海军作战舰艇、作战飞机和岸基军事力量连接成一个高度集中的计算机/通信网络[140]。在该网络中，各作战单元将在高速和连续的基础上共享大量的关键信息，将会大大提高海军作战的反应速度、精度和有效性。网络中心战系统是一个分布式实时系统，具有动态性、异构性、适应性和协同性，对传统的分布实时计算技术提出了巨大的挑战。

在网络中心战环境下的海上战争，战场态势复杂，信息瞬息万变，武器种类繁多，如何完成陆、海、空等多个平台上的多种武器有效地协同作战是一个极其复杂的问题。多平台协同指挥控制方法可以分为集中式控制与分布式控制，集中式控制能够从全局对问题进行求解，但需要各作战平台不断将自身状态与探测到的信息传回中央节点，中央节点经过集中计算与规划后再将任务指令下达给各平台。这使集中式控制存在以下不足：①对通信依赖性大，对通信带宽要求高；②各平台与中央节点间的通信延迟，以及中央节点集中求解的计算复杂性，导致各平台难以实现对态势变化的快速反应；③如果中央节点的信息不准确，即使各平台具有更精确的局部信息，中央节点也会将其规划出的计划强制下发；④中央节点出现故障将使整个系统陷于瘫痪。

因此集中式的方法主要适用于任务开始前的预先规划，以及

117

当海战场态势发生重大变化时在较粗的时间粒度和控制粒度上对任务进行全局性调整,而难以满足多平台协同作战过程中动态控制的实时性和动态性要求,尤其是在具有强实时和动态性的对空防御作战条件下,集中式指挥控制方法将显得更加不适用。

在水面舰艇编队对空防御作战中,由于海上环境的复杂性,以及作战过程中待处理的大量数据和严格的处理时间限制,使得对空作战成为一个严峻的问题。另一方面,反舰导弹类空中目标正朝着远程、高速、智能化不断发展,同时,舰艇编队中多个装备有不同作战资源的平台之间也需要越来越紧密的联系,因此对空作战的威胁和防御系统也越来越复杂,从而使得战争态势也变得越发复杂。

当面临空中威胁目标时,作战指挥人员只有很短的时间来进行观察、定位、决策和采取行动。当有多个舰艇平台进行联合作战时,资源受到更多约束,而平台间的协同交互会增大整个舰队的生存概率,使得效果远胜于各部分的简单累加[101]。当然,确定行动序列、平台间相互通信和调整行动计划仍然需要在严格的时间限制下完成。这时的决策在很大程度上依赖于指挥控制辅助决策系统来完成,这就要求系统不仅有快速决策能力,而且决策的产生应该综合考虑多个重要因素并保证实施的决策是所有可能决策中的最优决策。

可见,编队对空作战指挥控制具有以下特点:

(1)指挥控制具有复杂分布式智能系统特性。一个指控系统是一个智能的多主体组织,其决策者既包括人也包括具有人工智能的机器节点。由于操作环境和传感器及资源的物理特性,决策制订者往往是地理上分布的。在这种分布式指挥控制结构下,决策制订者之间的合作、协调、通信是十分关键的问题。

(2)指挥控制有功能性结构。指挥控制过程的另一个关键因素是它的功能分解。实际上,指挥控制过程可以被分解为一系列指挥控制功能,这些功能要在合理时间框架内得以执行以确保任务成功。

（3）指挥控制是一个复杂过程。指挥控制过程的复杂性主要由于作战资源的数量多、种类各异，以及资源应用中可能存在的相互关系。一般而言，没有哪个决策者可以独自处理全局环境下的内在复杂性。

（4）指挥控制要在苛刻的时间限制下处理大量的数据。感知和认识能力来源于内在信息，而内在信息来源于战场关联态势图像，这个态势图像的产生由大量分布式传感器数据经过连续的融合而得到。而这些数据由于有限的传感器覆盖范围、报告的模糊性、报告的矛盾性和测量数据的不准确性而变得不完美，即不确定、不完整、不连续且模糊。它使得：

① 操作人员要处理大量不确定性。

② 在任一给定时刻，对于战术图像可能有几种可能的解释。这都使得指挥控制系统要在有限时间内处理大量数据。

在对空防御作战条件下，指挥控制结构的功能包括：

威胁检测：基于多传感器数据；

目标跟踪：基于数据融合；

目标判断：区别真假目标；

目标识别：识别该目标；

战术规划：制订应对威胁的决策；

资源分配：为每个威胁目标分配作战资源；

交战控制：实时实施交战决策；

杀伤评估：评估交战控制的输出结果。

在上述功能中，资源分配的主要任务之一是对来袭目标合理地分配防御武器。实现武器对目标的合理分配，进行有条不紊地梯次抗击已成为编队各舰进行有效的协同指挥决策、形成良好的协同作战合力的基础，也是保障舰艇编队生命力的关键[102]；而如果不能做到目标的合理分配和协调，将导致：①交战冗余，从而耗费更多资源；②低效率的防御；③同时使用多个作战资源时，可能发生资源间的相互消极影响，从而降低全局方案的有效性。在严格的防御反应时间约束下，各舰之间作战行动的协调变得困难。

本章主要考虑利用多智能体技术实现各个舰艇平台对空防御作战中对于空中威胁目标分配的协调。

6.2 基于多智能体的对空目标分配

舰艇对空作战中的目标分配,是作战指挥辅助决策系统需要在分布式条件下解决的一个带有复杂约束的决策问题。根据6.1节中介绍的编队作战指挥控制系统的特点,利用多智能体技术设计并实现这一系统的结构和功能是合适的。

智能体(Agent)和多智能体系统(Multi – Agent System, MAS)基础理论和应用技术是当今人工智能、计算机科学技术、信息工程、网络通信、智能决策支持系统等领域十分活跃的前沿研究方向之一,也是发展最为迅速的领域之一。

随着有关 Agent 的研究在多个领域的逐步深入,不断衍生出更多新的理解和概念。来自不同应用领域的研究根据自己的知识背景和领域中需要解决的具体问题,从不同角度赋予了 Agent 各种不同的内涵。虽然 Agent 被广泛使用,无论其应用研究属于强定义还是弱定义,但到目前为止,并没有一个能被普遍接受的统一定义,所以其概念术语在使用上还存在着不统一的局面。下面是一些著名的概念定义[103,104]:

(1)"一个软件实体若具有诸如信念(Belief)、能力(Capbility)、决定(Decision)和承诺(Commitment or Obligation)等精神状态时,该软件实体便是 Agent。"Y. Shoham 从软件总体的角度最先提出了面向代理的程序设计(Agent Oriented Programming, AOP),其对 Agent 的定义得到广泛的应用。

(2)"智能 Agent 持续地执行三项功能:感知环境中的动态条件;执行动作影响环境条件;进行推理以解释感知信息,求解问题,产生推断和决定动作。"著名的人工智能学者、斯坦福大学的 Hayes. Roth 坚持认为 Agent 应在动作选择过程中进行推理和规划。

（3）"自治或自主 Agent 是指那些宿主于复杂动态环境中，自治地感知环境的信息，自主采取行动，并实现一系列预先设定的目标或任务的计算系统。"Agent 研究的先驱之一，美国的 Maes 在其 Agent 定义中增加了一项现在被认为在 Agent 理论中位于核心地位的关键要素：自主（治）性。

（4）"Agent 是一个具有下述性质的基于硬件或基于软件的计算机系统：自主性、社会能力、反应性、能动性……"，这是著名 Agent 理论研究者、英国的 Wooldridge 博士和 Jennings 教授给出的 Agent 定义。该定义容许在更宽范围的环境中设计 Agent，而且增加了通信要求。

上述这些典型的概念定义，大都来自于早期从事 Agent 理论和应用研究的定义者所设计和开发的一些 Agent 实例，根据他们各自的设计需要反映出 Agent 的一些特征和侧面，但他们都无法全面地描述和表达智能 Agent 的完整特性和性质。

通过以上对 Agent 的概念的分析，可以发现它们有一个共同的特点：强调 Agent 具有根据任务目标进行自主运动规划的能力，当所处环境发生变化对自身的运动产生影响时能够重新进行运动规划。

一般地，在计算机应用领域，把一个具有一定目的，能够在分布式系统或协作系统环境中独立自主、持续运行发挥作用的计算实体定义为 Agent，常被称为计算智能体，也可以称为问题求解器，它的表现形式就是一个计算机软件程序。

通常情况下，Agent 一般具有以下关键属性特征：

（1）自主性（Autonomy）：Agent 一般都具有自己的资源和属于自己的局部控制机制，能在没有人或其他程序介入时，根据个体的内部状态以及感知到的外部环境信息，自动控制其状态和行为。

（2）交互协作能力（Interaction）：Agent 能用某种通信语言与其他实体交换信息和相互作用，也能够和其他 Agent 一起协同工作，有效地完成系统任务。

（3）感知能力或反应性（Reactivity）：Agent 能及时感知到其所处外部环境的变化，这里的环境可以是物理环境、用户或其他

Agent 等,并能够针对某些特定的事件作出相应的响应。

（4）主动性（Pro - activeness）：Agent 不是简单地对环境变化做出被动响应,而是根据具体情况主动表现出目标驱动（goal - driving）的行为,目标包括静态目标和动态目标,能自行选择合适的时机采取适宜的行为。

（5）推理和规划能力（Reasoning and Planning）：Agent 具有基于知识和规则进行推理和预测的能力；根据目标、环境等要求,还可以对自己的行为作出规划。

（6）自学习和适应能力（Learning and Adaptability）：学习意味着一个 Agent 能够通过获取新知识、提炼旧知识、使用更好的策略、记住成功的案例等手段修改其行为提高性能,以适应新的环境。

Agent 本身具有的特殊属性使得 Agent 技术已经广泛融入计算机的各个应用领域,也产生了各种基于 Agent 的应用系统。

Agent 可以简单地理解为一个黑箱,通过传感器感知环境,通过效应器作用环境。Agent 在与环境交互作用的同时,更主要的是处理和解释收到的信息,决定自己的行动。Agent 收到信息后首先要进行信息融合,为 Agent 知识接受,进而进行信息处理,执行动作。

其智能体主体骨架（frame）程序原型可以描述为：

functionSkeleton - Agent(percept) returnaction

static:memory　／＊智能体的世界记忆＊／

memeory←Update - Memory(memory,percept)

action←Choose - Best - Action(memory)

memeory←Update - Memory(memory,action)

returnaction

每次执行行动计划,智能体的记忆将进行相应的修改,反应新的感知。理想的 Agent 对于每一个可能的感知序列,总希望达到最好的性能。所以,Agent 采取最佳的动作,并保存在记忆中。

针对智能体的基本结构,目前常根据其思维深度,将其分为反应型、认知型和混和型。

（1）反应型 Agent（Reactive Agent）。反应 Agent 是一种非智能型 Agent，它没有世界模型和规划，对周围环境无任何的符号表示，仅有一些简单的行为模式，这些行为模式以"刺激—响应"的方式对环境的改变做出反应。

（2）认知型 Agent（Cognitive Agent）。认知 Agent 又称思考 Agent，是具有内部状态的智能型 Agent，它具有一个内部符号推理模型与其他 Agent 协调，通过推理产生规划，通过协商产生决策，具有"信念—期望—意图"（Believe - Desire - Intentions, BDI）结构，是一个基于知识的系统。

（3）混合型 Agent。思考型 Agent 具有较高的智能，但反应慢、执行效率较低，而反应型 Agent 智能较低、不够灵活。于是提出了包含认知和反应两个子系统的混合结构方式，其中的认知子系统含有用符号表示的世界模型，而反应子系统则用来处理不经过推理的事件。一般反应子系统具有较高的优先级，以保证对一些重要事件有较快的反应。认知子系统用传统人工智能的方式处理规划和决策。

大型、复杂的现实问题的求解已走超出了单智能体单个 Agent 的能力，一个 Agent 的能力受其能力、资源及与其他 Agent 相互关系的限制，不能单独完成复杂问题的求解。由此，多智能体应运而生。

多智能体系统（Multi - Agent Systems, MAS）由多个 Agent 组成，每个 Agent 代表一个物理的或者抽象的实体。相互之间是独立自主的，能作用于自身和环境及能对环境的变化作出反应，也能进行交互，相互配合完成共同任务。MAS 可定义为：能对环境的变化具有适应能力及相应的自我调整能力，并能通过与其他 Agent 进行交互的方式共同完成复杂问题求解的智能系统。这样的系统能模拟人类社会团体、大型组织机构的群体工作，并运用它们解决问题的工作方式，解决共同关心的复杂问题[105]。

MAS 具有以下一些特点：

（1）各 Agent 分布于地理位置不同的多个处理器上，系统中的各主体可能是异构的，即 Agent 可能在不同的软、硬件平台上采用不同的程序设计或技术实现。

（2）各 Agent 是拥有一定计算资源，能够独立地进行问题求解和决策的大粒度计算实体，如专家系统、功能模块和智能系统等。

（3）系统中各 Agent 的问题求解能力是有限的，全局目标的完成必须由多个 Agent 相互协作实现，并且 Agent 之间是非对抗的。

（4）系统中各 Agent 并发计算、异步通信，且通信是安全的，并满足信息传递协议。

（5）系统作为一个整体连续操作且具有较高的可靠性。

Agent 概念和 MAS 技术目前已扩展到工业应用、信息管理与商务应用、医学应用、娱乐和军事应用等多个领域，尤其在军事应用中[106]，利用 MAS 技术实现编队作战指挥控制的智能辅助决策系统具有以下几方面优势：

（1）对于概念上复杂的系统，多智能体系统本身就是一个合理的暗喻。

（2）以组织化的方法为组织化的问题建模。基于智能体的方法可以将实际问题中的不同角色直接映射为软件成员，这是一个有效的抽象方法，尤其在本质上有组织形式的应用，如在舰艇编队作战指挥控制中，该方法更为合适。

（3）分布式控制。多智能体结构提供的是分布式、异类的计算环境，其中，多个并发操作的智能体并存，不管智能体处于什么环境之下，它们之间可以通过无缝方式实现互操作。

（4）可支持"即插即用"。由于智能体间是松散耦合的，可以快速开发出用以验证思想和算法的原型实例，在开发周期的后期能够以小的代价被替换。

（5）便于重用。智能体群中的智能体一般由不同的人员按照不同的应用或子系统需要而开发。如果智能体的设计和编写通用性好，它们就可以在其他应用中得到重用。

在本章所讨论的舰艇编队多平台威胁目标分配及协调中,每个舰艇平台被视为复杂自治的智能体。事实上,这些智能体只有有限的自治性,因为:

①它们是团队成员;②希望它们全力合作;③它们必须遵守军事条令和交战规则。

因此,所有智能体需要彼此协调来实现一个可接受的解决方案。在多艘水面舰艇间进行威胁目标分配的有效协调,可以应用在智能体间分配任务的常用机制,如市场机制、合同网、多智能体规划和组织方式等。本章主要讨论以下4种不同的协调机制:

(1)区域防御。该方法是一类基于约定的协调方法。舰队周边的物理空间被分为多个子空间,每个子空间被一艘舰艇所监督和防御。当一个威胁目标进入一个子空间时,负责该区域的舰艇智能体衡量是否它能与其交战,如果不能则向其他舰艇智能体要求支援。

(2)中心协调。该方法是一种基于市场机制的协调方法。该方法中,每个舰艇智能体计算其针对每个威胁目标的拦截成功概率,并将之通信给某个特定的具有中心协调能力的舰艇智能体。基于各舰艇智能体传来的信息,中心协调者决定由哪个舰艇智能体应对哪个威胁目标。在这种方法中,中心协调者是预先选定的,一般是防御能力最强的那艘舰艇。

(3)合同网。该方法与中心协调法类似。在合同网中,针对每个威胁目标,中心协调者需做如下事情:

① 开始一次拍卖,每个舰艇智能体计算其对威胁目标拦截的成功概率并予以回复;

② 选择将应对威胁目标的舰艇智能体;

③ 对被选中的舰艇智能体进行任务通知。

(4)类Brown法。该方法的思路是计算每个来袭威胁目标对舰队的相对威胁程度。这要考虑每艘舰艇的相对重要性、威胁目标锁定舰艇的可信度,以及每艘舰艇针对每个威胁目标的拦截成功概率列表。在上述基础上采用某种最优化方法(如贪心法)来将所有威胁目标分配给相应的舰艇。

6.3　区域防御协调

6.3.1　对威胁目标拦截的成功概率

一艘舰艇对一个威胁目标拦截的成功概率 P_s 是一个由舰艇计算出的,用概率表达的其能够摧毁威胁目标的值。对于某一艘舰艇而言,其对于所有威胁目标的 P_s 列表(用 LPs 表示),包含它对每个威胁目标评估出的 P_s 值;所有舰艇对所有威胁目标的 P_s 矩阵(用 MPs 表示)由所有舰艇的 LPs 组成。

一般而言,只有当已经制订了完整的作战计划时,舰艇针对威胁目标的准确 P_s 才能计算出。这里使用启发式方法来对成功概率 P_s 进行预估。

本节介绍一种简单的利用威胁目标相对舰艇的航路捷径来估计 P_s 的计算方法。如图 6.3.1 所示,假设舰艇是固定的,航路捷径即舰艇所在位置(假定为一点)与威胁目标航路之间的最近距离。

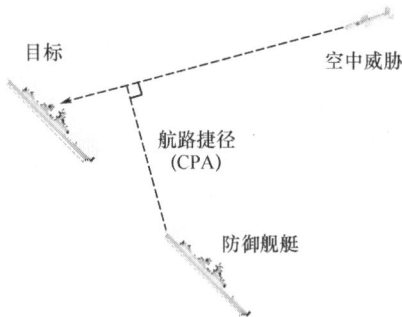

图 6.3.1　航路捷径示意图

基于航路捷径估计 P_s 可用下式计算:

$$P_s = \begin{cases} P_k \cdot \left(1 - \dfrac{\mathrm{CPA}}{R_{\max}}\right), & \mathrm{CPA} \leqslant R_{\max} \\ 0, & \mathrm{CPA} \geqslant R_{\max} \end{cases} \qquad (6.3.1)$$

式中：P_k是使用舰艇平台装备的武器拦截威胁目标时对目标的杀伤概率，假设为已知；CPA 表示威胁目标对舰艇的航路捷径值；$R_{\max}$是武器可以对威胁目标实施交战的最大距离（例如所使用的防空导弹的最大作用距离）。

6.3.2 区域防御协调的实现

本节所给出的第一种威胁目标分配的多平台协调机制是区域防御协调。区域防御是多智能体系统基于约定的一种协调方式，也是一种组织化结构下的协调。在组织结构中，角色的概念很关键。每个智能体承担某个角色，各个角色又有相关的责任和偏好，可在设计期或运行期定义角色及其所承担的任务。区域防御协调的原则就是只要有可能，每个智能体要尽力负责防御它的领土。

区域防御机制为舰队周围的每个特定扇面定义一个负责防御的智能体角色。扇面以如下方式确定：

（1）舰队的中心是确定的。如考虑价值最大的被保护单元位于舰队中心。

（2）确定每个舰船相对中心的角度。

（3）确定边界，边界由相邻舰船角度平分线确定。这一原则也是经过简化的，实际中各个舰艇所防御的扇区在空间上一般是有交叠的。

区域划分如图 6.3.2 所示。当舰艇防御区域的边界确定后，每个智能体则明确了要应对在其范围内出现的所有威胁目标。边界是动态确定和维持的。如果某一舰艇被摧毁，则要重新确定防御区域划分，如图 6.3.3 所示。

在区域防御协调中，另一个重要概念是防御门限。防御门限用以确定舰艇能较为可靠地对威胁目标实施拦截的能力。如果一个舰艇智能体估计出其 P_s，但是该值小于某一给定的门限值，则它要寻求帮助以应对来袭威胁目标。一开始，它向最邻近的舰艇智能体寻求帮助，但是如果近邻没有回应或者拒绝帮助，则舰艇智能体再寻求其他帮助。如果又被拒绝，则该威胁目标仍被加入自

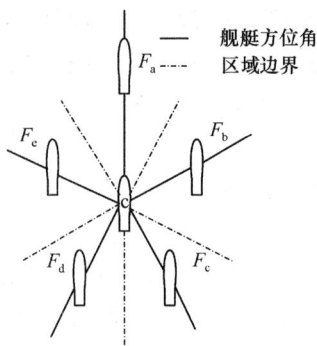

图 6.3.2　初始区域划分　　　　图 6.3.3　动态区域重划分

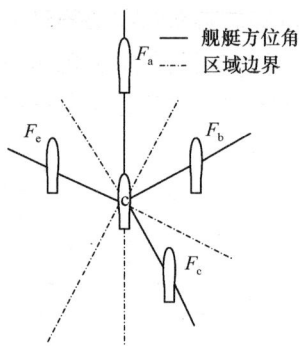

己的计划中,即使 P_s 值小于门限值。一般而言,在舰艇编队作战条件下,所有的舰艇智能体应该是完全合作的,因此被求助的舰艇智能体当且仅当它对该威胁目标的 P_s 值比求助智能体的 P_s 更低时,才会拒绝请求。

图 6.3.4 是区域防御的通信协议。本节中所用的通信协议都使用 Odell 提出的 Agent UML[107] 格式来进行描述。

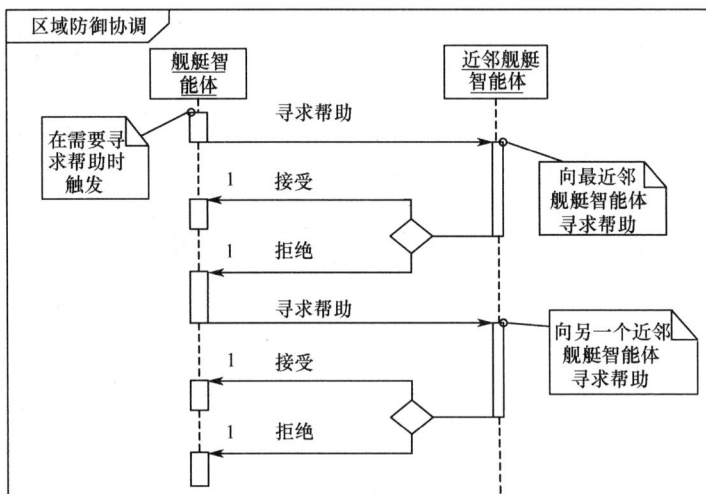

图 6.3.4　区域防御的通信协议

舰艇编队对空威胁目标分配中的区域防御协调机制相对于本节后面将提出的其他机制的优点在于：几乎不用通信。因此，在信道输出率低或者完全不可用时，这种协调机制具有明显的优势。

6.4 中心协调

中心协调机制是一类基于通信的协调方式，并带有一个中心协调者。中心协调的概念是中心舰艇智能体负责收集信息，并根据这些信息决定任务分配。这种情况下多智能体间传递的信息是每个舰艇智能体对所有威胁目标拦截成功概率 P_s 所组成的列表 LPs。

中心协调过程描述如下：

（1）舰队选出一个舰艇智能体作为中心协调者。

（2）当检测到一个或多个威胁目标时，每艘舰艇智能体计算其 LPs 并向中心协调者发送。

（3）中心协调者构建能力矩阵 MPs，它是由每艘舰艇智能体传来的 LPs 组成的矩阵。

（4）中心协调者基于能力矩阵，利用某种优化算法负责将威胁目标分配给舰艇。

（5）中心协调者向被选中的舰艇智能体发送任务通知。

在中心协调方式下，要在检测到威胁目标之前选择出合适的中心协调者。例如中心协调者可以是编队中级别最高或有能力承担协调任务的舰艇。在假设每个智能体有相同观点、且智能体是完全合作的前提下，每艘舰艇智能体可以按照某种约定，在不需要通信或者协商的情况下即完成选择中心协调者的任务。

在中心协调过程的第（1）步中，还可以选择一个或多个候选中心协调者。候选中心协调者和中心协调者一样接收相同的信息，且在中心协调者被摧毁或者不能完成协调任务的时候承担中心协调者的角色。

在中心协调者构建了能力矩阵 MPs 之后，威胁目标在多个平台之间的分配可以用一个优化算法来完成,如贪心法或者枚举法。贪心法是一个快速寻优的启发式算法,而枚举法要花费更多时间,因为它要在所有可能解中寻找最优。一般而言,中心协调者可以为每艘舰艇仅分配一个威胁目标。但是如果威胁目标数量多于舰艇数量,则中心协调者有两个选择。第一个选择是为每艘舰艇分配一个威胁目标,然后对剩下的威胁目标再要求一次 P_s 计算。第二个选择是用启发式算法为每艘舰艇分配多于一个的威胁目标。

中心协调机制的主要缺点在于它是集中式的。因为某一点的故障可能会使整个协调过程失败。如果中心协调者因为某一原因无响应了(通信系统故障或者舰艇被摧毁),则协调过程将以某个新协调者为中心而进行重启,这至少将花费宝贵的几秒钟时间。当然,候选中心协调者会减轻这种问题带来的不良后果,但是它同样会增加通信信道的占用,并且可能使之过载。

图 6.4.1 所示是 AUML 格式的中心协调机制协议。从图中可以看出,信息在中心协调者和参与者(舰艇智能体)之间进行交

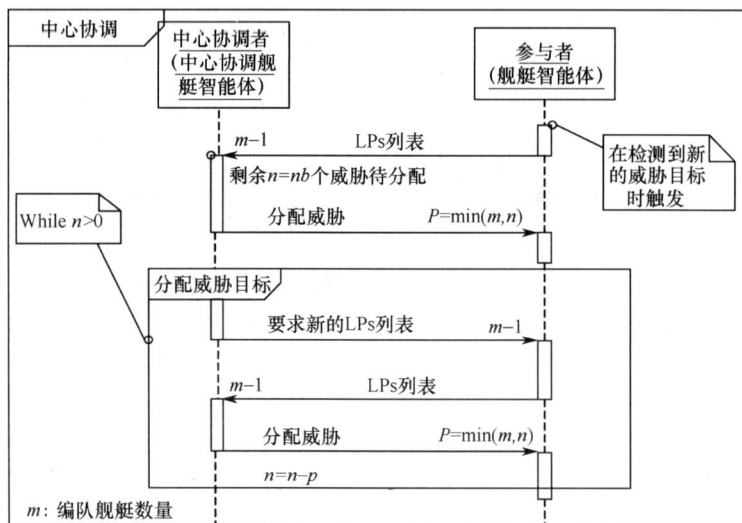

图 6.4.1　中心协调协议

换,且威胁目标分配是一个迭代过程。每当它收到一个 LPs 表,它就将威胁目标分配给各个智能体。这个过程一直迭代进行直到所有的威胁目标被分配完。

6.5 合同网协调

合同网协调机制与中心协调机制类似,因为它依赖于中心协调者,且要利用通信网络来实现协调过程。两者的区别在于一次分配的威胁目标的数量。在中心协调中一次要处理所有的威胁目标,而合同网机制中每一次仅分配一个威胁目标。合同网协调过程如下:

(1)舰队选择一个中心协调者。

(2)对于所有检测到的威胁目标,一次处理一个目标:

① 中心协调者向每艘舰艇智能体要求相应的 P_s 值;

② 每艘舰艇智能体根据自己已经被分配的威胁目标(即当前正在处理的威胁目标),来计算针对该新威胁目标的 P_s 值;

③ 中心协调者选出合适的舰艇来与该威胁目标交战,并通知该舰艇智能体。

合同网协调机制协议如图 6.5.1 所示。图中,在中心协调者和参与者之间有三种类型的信息交换,对应于上面所提到的三个步骤。

将合同网协调协议同中心协调协议相比较可以发现,它们之间的区别仅在于一次分配的威胁目标的数量。

由于中心协调机制和合同网协调机制都是集中式的协调方法,因此中心协调机制中出现的问题同样也会出现在合同网中。但合同网对通信信道的占用更多一些,因为被发送的信息更多。因此,如果通信是不安全或者不稳定的,整个系统失败的可能性会增加。因此,中心协调方式可以给出“反应性”更强(更快)的协调方案,而合同网方法可以给出分配质量更优的解,但是花费时间更长。但随着通信带宽的降低,合同网协调方案的解质量和及时性

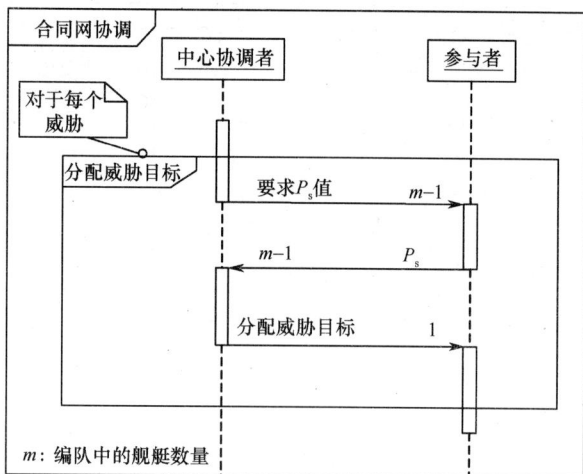

图 6.5.1　合同网协议

比中心协调法得到的解降低得更快。因此只有当有足够时间进行协调的时候才采用合同网协调方法。

6.6　类 Brown 法

　　基于通信的另一种协调机制由 Brown 提出,本节介绍的协调机制称为类 Brown 法,这种方法可用于集中或分散控制中。

　　类 Brown 协调机制很像带参数的中心协调。中心协调和类 Brown 协调之间的主要区别是在对威胁目标进行分配之前要先对威胁目标的优先级进行排序。优先级的计算基于三个方面:威胁目标瞄准某一舰艇的确定性、每艘舰艇的相对重要性和舰艇对每个威胁目标的交战能力。

　　图 6.6.1 所示是类 Brown 协调机制的协议。图中显示了舰艇智能体之间进行的广播。如同中心协调方式一样,威胁目标分配的过程迭代进行直到所有的威胁目标被分配完。

　　为了将原来的集中式机制转换为分散式的,必须进行如下假定:①智能体必须是完全合作的;②智能体是同类的;③协议

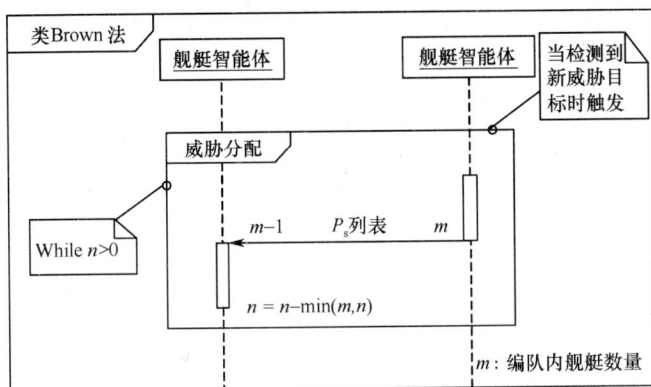

图 6.6.1　类 Brown 法协议

被每个智能体以相同方式所使用;④每个智能体必须清楚上面三个假设。这些假设是为了确保每个接收到相同信息的智能体将以相同的方式来对态势进行估计。首先,如果智能体不是完全合作的,或某个智能体可能存在"背叛",这都是无法接受的。进一步,如果智能体不是同类的,或者如果协议的某一部分仅对特定舰艇生效(如舰艇的等级),则在不同舰艇之间分配的计算方法就不同。

因此,如果上述假设成立,则实现分布式协调机制的简单方法是将所有信息对每个智能体进行广播。这样,因为每艘舰艇智能体接收相同的信息,并且以相同方式进行推理,则每艘舰艇智能体可以进行思考并提出一个分配方案。这个方案不需要发送给其他舰艇智能体,因为每个智能体所产生的方案是相同的。因此,一旦得到一个解,舰艇智能体只需要应对被分配给它的威胁目标,其他的舰艇智能体也一样。

下面描述分布式协调机制的步骤:

(1)在威胁目标被检测到之前,每艘舰艇智能体计算每艘舰艇的相对权重,并形成权重列表(W)。计算权重的公式为

$$weight = rank \cdot x + y \qquad (6.6.1)$$

式中:$rank$ 表示每个舰艇相对重要性的一个简单的值,即等级。

133

等级为 10 的舰艇的重要性要大于等级为 5 的,因为每艘舰艇智能体知道所有舰艇的等级,它也知道最低和最高的等级是多少;x 和 y 需要定义的,可以用如下方法来确定:例如,定义一个可调整的参数为"最大的权重差"(用 Dev_{max} 表示),是一个区间(0,1)内的数,它是期望的最高级别舰艇和最低级别舰艇的权重之间的差值。因此,得

$$1 - Dev_{max} = lowest \cdot x + y \qquad (6.6.2)$$

$$1 = highest \cdot x + y \qquad (6.6.3)$$

则

$$x = \frac{Dev_{max}}{highest - lowest} \qquad (6.6.4)$$

$$y = 1 - \frac{highest \cdot Dev_{max}}{highest - lowest} \qquad (6.6.5)$$

按照上述方式确定的权重可以将从最低到最高级的舰船的相对重要性归一化到区间(0,1)。

(2)当检测到威胁目标时,构造威胁目标锁定舰艇的概率矩阵(T)。例如利用雷达来评估威胁目标要攻击的方位,从而确定威胁目标锁定舰艇的概率。

(3)每艘舰艇智能体确定其 P_s 列表 LPs,并向其他舰艇智能体广播。

(4)计算威胁—权重矩阵($W \cdot T$),它是权重向量 W 和锁定概率矩阵 T 的乘积。

(5)一旦接收到每个舰艇智能体所发送的 LPs 并综合为矩阵 MPs,则舰艇编队对每个威胁目标的交战能力 P_F 即可确定(可定义之为兵力性能)。P_F 的计算是根据编队中各艘舰艇对每个威胁目标的所有 P_s 来评价的。例如根据表 6.1.1 所列的 MPs 可以得到三种不同的 P_F 评价方法:P_s 的均值、最高的 P_s 和 P_s 的乘积,得到的 P_F 分别如表 6.1.2 ~ 表 6.1.4 所列。

表 6.1.1 MPs 示例

	Th_1	Th_2	Th_3
F_A	1.0000	1.0000	0.600
F_B	0.600	0.600	1.0000
F_C	0.100	0.100	0.850

表 6.1.2 P_F(最高)

Th_1	Th_2	Th_3
1.00	1.00	1.00

表 6.1.3 P_F(均值)

Th_1	Th_2	Th_3
0.57	0.57	0.82

表 6.1.4 P_F(乘积)

Th_1	Th_2	Th_3
0.06	0.06	0.51

（6）每个舰艇智能体针对每个威胁目标计算交战优先级矩阵，即 $W \cdot T / P_F$（其中 x/y 表示矩阵 x 与 y 进行点除）。

（7）每个舰艇智能体构造能力矩阵，它是优先级矩阵和 MPs 矩阵的乘积 $W \cdot T / P_F \times$ MPs。这样，这个矩阵就表示了如何对威胁目标进行交战。它考虑了每艘舰艇的相对权重、每个威胁目标可能瞄准的舰艇，以及每艘舰艇应对来袭威胁目标的不同能力。

（8）类似中心协调机制，应用一个分配算法，每个舰艇智能体确定分配给各艘舰艇的威胁目标。

图 6.6.2 是一个简单的例子。此例中考虑威胁目标锁定的实

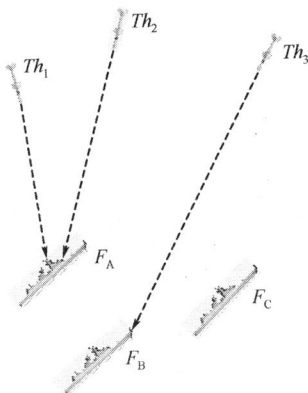

图 6.6.2 舰艇编队对空防御态势示例图

际舰艇存在不确定性的问题。假定认为威胁目标 Th_1 锁定舰船 F_A 的可能性是80%。图6.6.3所示是本例中确定舰艇编队交战

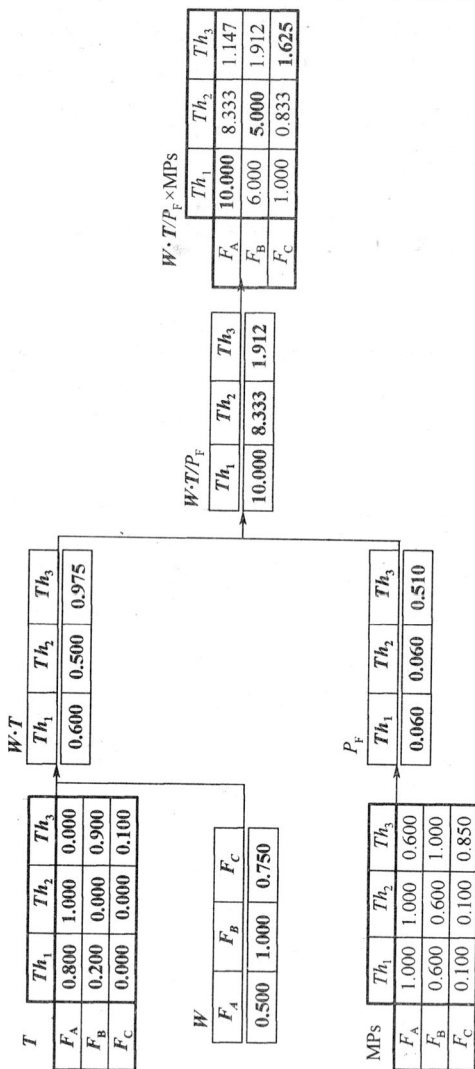

T

T	Th_1	Th_2	Th_3
F_A	0.800	1.000	0.000
F_B	0.200	0.000	0.900
F_C	0.000	0.000	0.100

W

W	F_A	F_B	F_C
	0.500	1.000	0.750

MPs

MPs	Th_1	Th_2	Th_3
F_A	1.000	1.000	0.600
F_B	0.600	0.600	1.000
F_C	0.100	0.100	0.850

$W \cdot T$

$W \cdot T$	Th_1	Th_2	Th_3
	0.600	0.500	0.975

P_F

P_F	Th_1	Th_2	Th_3
	0.060	0.060	0.510

$W \cdot T / P_F$

Th_1	Th_2	Th_3
10.000	8.333	1.912

$W \cdot T / P_F \times MPs$

	Th_1	Th_2	Th_3
F_A	10.000	8.333	1.147
F_B	6.000	5.000	1.912
F_C	1.000	0.833	1.625

图 6.6.3　确定舰艇编队交战优先级列表

优先级列表所需要进行的计算。注意其中的权重列表,所设定的 Dev_{max} 是 0.5。在本例中,也考虑了锁定概率矩阵 T 中的不确定性。一旦构建了 MPs 矩阵(当收到每个 LPs 时),可以计算得到每个威胁目标的 P_F。于是,可以用 T,W,P_F 和 MPs 来计算最终的能力矩阵。在本例中,通过对能力矩阵的完全搜索,可以得到最优的威胁目标分配方案是:(F_A—Th_1,F_B—Th_2,F_C—Th_3)。

6.7 各种协调机制的比较分析

本节给出了四种协调机制:区域防御、中心协调、合同网以及类 Brown 法协调。其中区域防御属于基于规则的协调,而后三种则是基于通信的协调。四类协调机制中都存在参数设定问题,例如区域防空协调中门限值的设定,类 Brown 协调机制下最大权重偏差的设定、中心协调和合同网机制中对于中心协调者的设定等。参数的有效设定和调节对于开发好的协调机制而言非常重要。此外,了解各种协调机制的适用特点对于在具体的应用条件下选择合适的协调机制也是十分重要的:

(1)通信。正如前面所讨论的,通信对于许多协调机制的实现起到至关重要的作用。因此,知道了要进行通信的容量、重要性以及通信的稳定性和带宽的限制,有助于了解哪种协调机制对通信质量的下降更为敏感。

(2)集中式。一些机制采用集中式的信息和决策制订方案。在多智能体系统中,集中式协调方式下的中心协调者具有一定的权威性,便于解决冲突,但通常都认为集中式的方法比起相应的分布式方法鲁棒性要差一些。事实上,在集中式机制中,单个舰艇智能体(中心协调者)的故障会使整个协调过程终止,或大幅降低解的质量和实时性。

(3)舰艇重要性。有些情况下,舰艇编队中某些舰只的重要性要高于其他,如旗舰或具有较高保护价值的舰船等。有些协调机制可以考虑舰船的相对重要性(如类 Brown 法),而有些则不考虑。

第7章　武器协同运用智能决策

本章以舰艇对空防御作战为例,介绍指挥控制系统中的武器协同运用智能化决策问题。

在高技术海战条件下,舰艇编队所面临的空中威胁主要是各种高性能反舰导弹和飞机采用多方向、多波次、大饱和度的方式发起攻击。编队内的各种软硬杀伤防空武器是编队达成对空防御的基本手段。硬杀伤武器是通过碰炸或近炸直接摧毁目标的一类武器,简称硬武器,如舰空导弹、舰炮和近程防御系统等;软杀伤武器是通过技术手段欺骗、迷惑目标,使目标自毁或使目标丢失攻击对象的一类武器,简称软武器,如舰载有源干扰系统和无源干扰系统(如箔条弹)等[108]。实现编队内多平台软硬武器的协同防空是提升编队综合防空作战能力的关键环节,但是由于作用机理的不同,在作战使用中,软、硬杀伤武器之间可能会产生一些相互影响的关系,这些关系主要可以分为两类:积极影响和消极影响。

积极影响是两种武器一起使用时,可以产生协同合力的情况。如干扰和箔条之间,干扰使得威胁错误地估计其目标的位置,如果箔条云能在干扰机即将对威胁进行诱偏的预定位置事先布置好,则干扰过程将更易于实现。事实上,来袭威胁会探测到在这个假目标位置处有强红外信号和大的雷达反射截面,因而它更容易相信舰艇在预先设计好的错误位置。

消极影响则是在使用中可能发生冲突或互相干扰的情况。典型的如下:

(1)舰空导弹和舰空导弹之间。如果发射两枚舰空导弹拦截两个邻近的来袭威胁,很有可能第一枚爆炸的舰空导弹会摧毁或影响第二枚。

（2）箔条和硬杀伤武器之间。当一座跟踪显示雷达或近程反导武器系统雷达试图导引一个硬杀伤武器穿越箔条云,其导引距离会大幅缩小,或者根本无法实现制导。

（3）干扰和硬杀伤武器之间。干扰系统能改变一个来袭反舰导弹的方向,类似地也可以使己方所使用的硬杀伤武器错失其目标。

（4）在软硬杀伤武器共同使用且需要实施舰艇机动时。有时舰艇战位需要支持硬杀伤系统实施作战,但是它可能使软杀伤武器无法针对来袭威胁进行布阵和作战;反之亦然。

在舰艇编队网络化作战指挥控制条件下,针对软、硬杀伤武器进行有效的管理和控制,能大大提高作战资源的使用效率,但同时也给网络化作战资源的管理和指挥控制带来了新的巨大挑战。要真正实现面向任务(目标)的软硬武器协同防空,需要在分布式条件下解决一系列的作战资源管理和指挥控制问题,而这其中的动态性和复杂性是传统的以平台为中心的火力控制模式所不能比拟的。

本章讨论基于多智能体系统技术实现舰艇编队多平台对空防御中多种软硬武器的协同运用决策,它基于任务触发的信息和控制流程,以实现从发现到控制的快速作战响应。任务即作战时的"敌情事件",是输入到武器协同运用决策系统的经过融合处理的目标信息。系统通过对任务进行分析处理,并从舰艇编队协同作战网络中订购和发布信息,以全面掌握战场态势并进行任务分配,最终实现多平台多种软硬武器的协同决策和控制。

本章主要运用基于多智能体系统的理论及其仿真技术,研究多种软硬武器协同运用决策的体系结构、工作流程、算法模型,并在JADE平台上对系统进行设计实现。

7.1 武器协同运用决策的体系结构

7.1.1 问题的基本描述

假定编队、平台及武器的结构关系如图 7.1.1 所示,图中,$W(I,J)$ 代表第 I 个平台的第 J 个武器系统,其中 $I = 1, 2, \cdots, M$,$J = 1, 2, \cdots, NI$,NI 为第 I 个平台的武器系统总数,在此将软、硬武器系统在同一平台内进行统一排序并编号。按照网络中心战的思想,编队内各平台的传感器需实现组网,并与武器系统及舰艇平台在功能上进行分离。假定该传感器网络可将各级探测信息融合起来,迅速产生对战场空间的态势感知,并向各级指控装置和武器装置分发目标和态势信息,以缩短决策和火力打击的反应时间。

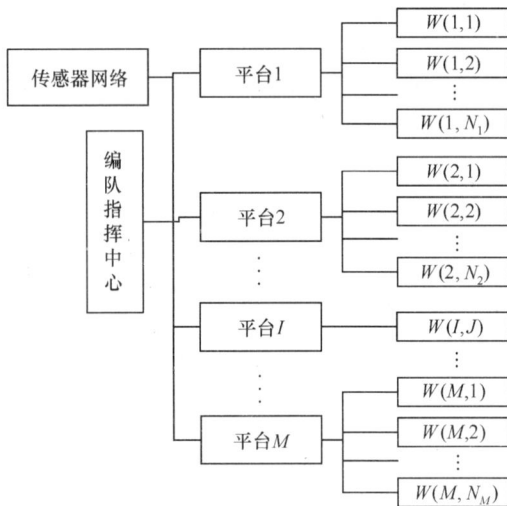

图 7.1.1 舰艇编队结构关系图

为了研究问题的方便引入以下假设:

(1) 编队作战平台可包含不同种类的多个平台,如空中平台、海上平台等。

140

（2）每个平台装备有若干种软、硬杀伤武器，假定硬武器是各类舰载防空导弹武器系统，软武器有电子干扰机及箔条弹等。

（3）通过编队多平台传感器网络的战场信息共享，可以在较远距离发现目标，并立即对舰艇编队各平台进行目标提示，使各平台可在较远距离进行积极的防御作战。

（4）空中威胁目标主要考虑各类反舰导弹。

（5）对单一目标不考虑多个硬武器同时攻击的情况。

7.1.2 基于智能体的体系结构

在建立基于多智能体技术的软硬武器协同运用决策系统体系结构中，定义两类智能体：武器智能体（Weapon Agent,WA）和平台指挥控制智能体（Platform Agent,PA）。每个 PA 接收来自传感器网络的态势信息，并对当前的任务进行管理。位于同一个平台的多个 WA，受本平台 PA 的管理和指挥，WA 之间也存在相互的通信和协作，共同完成任务的分配。系统中各 Agent 具有自主行为能力，但又是完全合作的，智能体通过交互和协同实现整个系统的任务和目标，交互内容包括 WA 成员间的交互、WA 成员和 PA 的交互，以及 PA 之间的交互等。

1. 武器智能体（WA）

一个 WA 对应于编队各平台中装备的一个武器系统，在功能上主要由知识库、数据库、学习模块、效能评估模块、发射控制模块、任务协商分配模块等构成，其功能结构模型如图 7.1.2 所示。

知识库的内容为静态知识，主要包括该 WA 自身的能力信息，即有关的属性、性能、效能评估参数、发射控制参数、效能评估和发射控制的工作日志文件等；其中有些信息和参数可以由学习模块进行修改。

数据库的内容为动态知识，主要由当前 WA 的状态和 PA 发送的实时任务信息组成。

效能评估模块主要是根据 PA 发布的任务信息，结合自身的性能和属性进行任务完成效能的预评估。

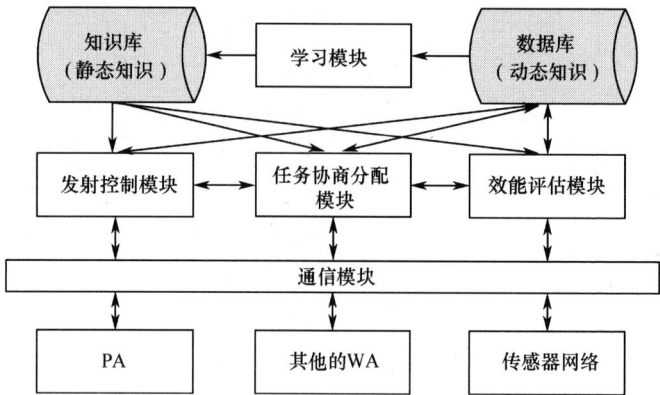

图 7.1.2 WA 的功能结构模型示意图

发射控制模块在确定接受某一作战任务时,完成对武器的发射控制等相关动作。

任务协商分配模块主要完成基于某种协作机制的分布式任务分配过程中的相关消息传递和动作,包括任务执行调度、冲突调解、任务合作等。

通信模块为 WA 提供对外信息交互的接口形式,完成与 PA、传感器网络和其他 WA 的通信。

学习模块是为 WA 预留可实现的高级功能,使得 WA 所采取的策略是在它遇到某种环境或状态之后学习到的,而不是在设计的时候决定的。通过学习,WA 可能具有在预先未知的条件下控制自己的行为和内部状态的能力。

2. 平台智能体(PA)

PA 对应于编队中的一个作战平台,如舰艇平台或空中平台等,主要由知识库、数据库、学习模块、任务管理模块、任务分配模块和推理决策模块等构成,其功能结构模型如图 7.1.3 所示。

知识库的内容为静态知识,主要包括平台内各个 WA 的参数信息、任务分配参数、任务管理参数、任务分配和管理的工作日志文件等,同时还有 PA 本身的一些位置、状态信息,其中有些信息和参数可以由学习模块进行修改。

142

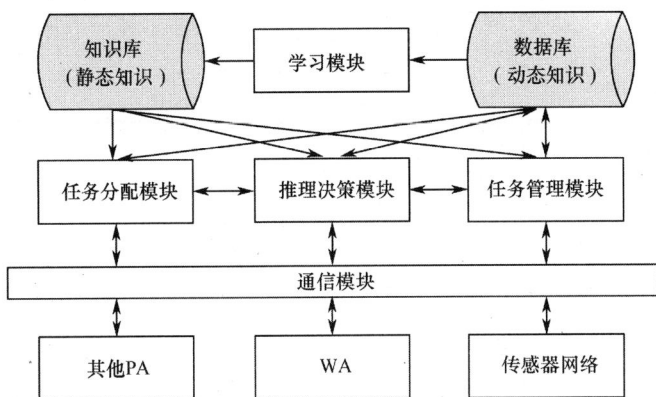

图 7.1.3　PA 的功能结构模型示意图

数据库的内容为动态知识,主要包括各 WA 的当前状态、目前系统的任务队列信息、任务分配情况及任务完成情况等信息等。

任务管理模块主要对所有要完成的任务进行管理,具体的管理包括任务产生、任务队列管理、任务发布、任务评价和任务修改等。

(1)任务产生:根据传感器的目标信息,产生一个 WA 可以识别和执行的任务,该任务可以包括以下属性:代号、威胁、距离、速度、类型、目前状态、运行阶段、存在时间、优先权。

(2)任务发布:向可以完成任务的 WA 传递任务的基本信息。

(3)任务评价:通过传感器的信息,评价 WA 对任务的完成情况,并记录作为 WA 的工作记录,便于对 WA 进行能力信息的学习。

(4)任务修改:根据传感器的信息,修改任务的属性。主要增加和删除,增加传感器新发现的任务,删除已完成的任务。

任务分配模块主要根据任务的属性和由各个 WA 返回的预估效能信息,采用某种威胁目标分配算法来进行任务的分配和协调,可以采用第 1 章所介绍的各类威胁分配的多平台协调方法。

推理决策模块主要在突发或紧急情况下完成非常规任务处理流程的任务推理决策。

143

为 PA 预留学习模块是为了将来能使 PA 具有基于学习的协调能力,例如在小型编队条件下,PA 需要做出快速反应时,可以通过预测其他编队成员的行为选择,来选择其自身行为并完善整个编队的计划。在这种机制中,PA 可以通过学习来认识自身的角色,并确定在不同情况下该采取什么行动。

通信模块为 PA 提供对外(包括本平台内的 WA、其余平台智能体 PA,以及传感器网络等)信息交互的统一接口形式。

7.2　软、硬武器协同运用决策流程

根据编队目标分配的特点,进行分配时主要考虑以下几个方面:

(1)整个分配过程是触发式的。当某个平台智能体 PA 发现新目标或原有目标由于未命中等原因而需要重新分配时,则编队软、硬武器协同运用决策程序启动。

(2)编队武器协同运用决策的关键,是将目标合理地分配给相应的武器。要求武器在使用中不产生冲突,同时最好能在武器间产生对目标拦截的协作关系从而强化武器使用效果。

(3)威胁目标在编队多平台之间需进行协调分配,其目的主要是为每个来袭威胁确定一个实施拦截的舰艇平台,而并未具体到由平台上哪个武器实施拦截。这里通过建立两级智能体结构,实现从目标到武器的分配过程。

其流程是:

首先采取建立任务的方式,由最先发现目标的 PA 将待处理的目标转化成一个便于各个武器智能体 WA 识别的任务,将任务发送给本平台的 WA,同时通过编队内其余 PA 将任务发送给其余平台 WA。

根据任务特点的不同,在实际分配过程中也应采取不同的目标分配方法。如果 PA 检测到的新任务紧急,则由该 PA 直接产生对目标的紧急处理决策,并直接通知相应的 WA 实施拦截,而不再

进行分布式分配;否则按照分布式方式实施分配。本章主要讨论基于合同机制的分布式分配方法。

武器对目标运用决策的流程如图 7.2.1 所示,其主要过程描述如下:

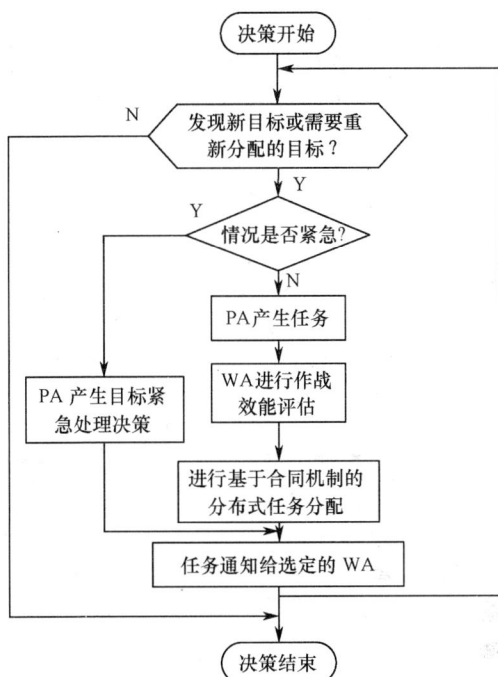

图 7.2.1 编队武器协同运用决策的总流程

(1)武器对目标运用决策的启动。当某个平台智能体 PA 探测到新目标出现,或已有目标需要重新分配时,武器协同运用决策程序启动。PA 接收传感器传来的目标信息,包括批号、类型、速度、距离、航向、方位等。

(2)如果任务特殊或紧急,直接进入 PA 的推理决策模块,否则执行步骤(3)。特殊或紧急处理的主要情况有目标距离很近、目标威胁较大、目标数量较多等情况,对于这些情况的处理一般根据特定的原则进行推理决策并完成非常规任务处理流程,或者直

145

接由指挥员进行指挥决策。

（3）目标转化成任务。将目标转化成任务，并给出任务完成的约束信息，如任务的基本格式包括目标信息、任务完成的约束信息（包括时间、距离等）、效能指标的权重等。PA 将任务信息发送给本平台 WA，并通过通信网络发送给编队内其余 PA，各 PA 同样将任务信息下发至平台内的 WA。

（4）作战效能评估。相应 WA 接收到任务后，根据任务信息，结合自己知识库和数据库的信息及模型对完成任务的效能进行预估。WA 将效能信息集中到 PA，得到一个多维的效能指标向量。

（5）进行"基于合同机制的分布式任务分配"。具体分配算法模型见 7.3 节。

（6）选定任务执行的 WA。将任务通知给被选中的 WA，向武器控制系统提供攻击方案和武器使用的相关信息，并由其完成对目标的拦截。

（7）决策结束。检测是否有目标待分配，如果没有，则协同决策过程结束。

7.3　武器协同运用决策的算法模型

7.3.1　基于合同机制的分布式任务分配

1. 基本模型

上面提出的编队多平台作战系统可以看做是一个多智能体系统的一个物理实现，与其任务一起可以看成是一个开放的系统 Ω，如下：

$$\Omega: = \{\Gamma, T, \Phi\},$$

$$\Gamma: = \{A_j \mid j = 1, 2, \cdots, n\}, T: = \{T_i \mid i = 1, 2, \cdots, m\},$$

$$S: = \{s_{ji} \mid j = 1, 2, \cdots, n, i = 1, 2, \cdots, m\},$$

$$\Phi(S) = f\Phi(\{\lambda_i e_j(s_{ji}), s_{ji} \in S\})$$

式中：Γ 代表 WA 的集合，包含硬武器和软武器等，其中每个 WA

用 $A_j(j = 1,2,\cdots,n)$ 来表示;T 为待分配任务集合,其中每一项任务用 $T_i(i = 1,2,\cdots,m)$ 来表示;$\varPhi$ 代表系统评价函数;S 表示系统所有的解,即武器使用方案的集合,其中 s_{ji} 是 A_j 根据其自身的资源、信息等独立做出的对任务 T_i 的解,$s_{ji} = 0$ 或 1;$e_j(s_{ji})$ 为 A_j 在解为 s_{ji} 的情况下对任务 T_i 计算得到的效能指标;λ_i 为各任务中效能指标的权重;$f\varPhi$ 代表整个系统的优化方向和形式。

为了便于问题的讨论,假设每个分解的任务效能是可加的,可以将作战系统整体代价取为所有 WA 之和,则系统的整体效能可表示为

$$\varPhi(S) = f_{\varPhi}(e_j(s_{ji})) = \sum_{j=1}^{n} \sum_{i=1}^{m} \lambda_i e_j(s_{ji})^{\mathrm{T}} \qquad (7.3.1)$$

合同机制是分布式控制中常用的协作策略,在多智能体系统的任务分配中有着广泛的应用。针对多平台协同控制的复杂性,在提出的编队多平台协同作战系统框架 $\varOmega$ 下,采用合同机制来对问题进行求解。求解中主要应用了两种合同策略:一种是问题初始分配的拍卖合同;另一种是问题中间协作的交换合同。

2. 基于拍卖合同的初始分配

拍卖合同是多智能体系统进行任务和资源分配的常用方法,其原理类似于经济中的拍卖机制。在此应用于目标初始分配的拍卖合同只在目标的初始分配中使用,是为了提高第一次分配的效率,其具体的过程是:当检测到待分配的目标,且建立了新任务时,由相应的 PA 指定平台内某个 WA 将任务放在"市场"上拍卖,其他的 WA(包括本平台的 WA 和编队内其他平台内的 WA)进行竞标。然后主持拍卖的 WA 根据其他 WA 的竞标将拍卖的任务转交给出价最高的 WA 执行。设当前拍卖由 A_j 主持,A_j 将任务 T_i 以自己完成的底价向"市场"公布,公布时以合同的形式,拍卖合同简述如下:

Contract = {ContractID, Manager, TaskDescription, TaskRestriction, ExpireTime},

其中各参数含义如下:

ContractID：合同号，为合同的唯一标识；

ContractClass：合同种类，在此为拍卖合同；

Manager：合同的管理者，即任务管理者；

TaskDescription：主持拍卖者对任务的具体描述，包括任务类型属性等信息；

TaslcRestriction：主持拍卖者提出的完成任务的约束条件，包括完成任务的时间约束、资源约束以及效能约束等；其中效能约束就是要高于拍卖者完成的效能。

ExpireTime：主持拍卖者规定的接受投标的最大时限。

接收到拍卖合同后，"市场"中的任一 A_k 若有能力完成此任务，则计算买入该任务后的效能：$U_k,i = \lambda_i e_k(s_{ki})$，其中 U_k,i 是由 A_k 的效能计算模块根据任务的属性对任务 T_i 的完成效能进行评估得到的效能值，用 $\lambda_i e_k(s_{ki})$ 表示。若 $\Delta E_k = U_k,i - U_j,i > \delta$ 并且此时状态为空闲，则 A_k 向 A_j 发出自己的竞标值 U_k,i，$\delta > 0$ 为可设置的阈值，U_k,i 为 A_k 进行拍卖的底价。当此轮拍卖条件达到时，则由 A_j 在本轮拍卖中选择能最大程度提高系统整体效能的 A_s，并通过传送指令的形式将任务转交给 A_s 执行，其中 s 是 WA 的编号，并且满足

$$\Delta E_s = \max_j (\Delta E_j), j = 1, \cdots, n \qquad (7.3.2)$$

以上可以看出拍卖合同的基本过程与合同机制的基本过程相同，可以总结为：招标→投标→中标→合同建立。

7.3.2 基于交换合同的中间协作

随着合同网的不断发展，除了最初的拍卖合同，还出现了许多其他的合同类型。不同的合同类型各有特点，在协作过程中进行合理搭配能够优势互补，但采用的合同类型过多也会导致求解的复杂度增加。针对多平台协同作战目标分配问题的复杂性以及实时性要求，采用交换合同作为拍卖合同的补充，使 WA 可以通过交换彼此间的任务提高整体效能，从而解决单纯使用拍卖合同可能出现的死锁，消除武器使用间的相互冲突，并提高协作的效率。

当用拍卖合同完成武器目标的初始分配,下面可以采用交换合同来完成武器目标的进一步分配。交换合同可用图 7.3.1 表示,假设当前 A_k 分配的任务是 T_1,A_j 分配的任务是 T_2,而实际上更合理的分配应该是 A_k 与 A_j 互相交换彼此的任务,此时便引入交换合同进行协作。仍以图 7.3.2 为例,若此回合进行交换的是 A_j,则 A_j 向以任务 T_2 向其他的 WA 发布自己的交换合同,交换合同类似拍卖合同,只是合同的种类(ContractClass)不同。

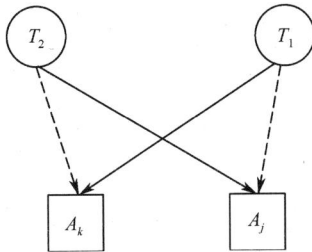

图 7.3.1　交换合同示意图

接收到交换合同后,"市场"中的任一 A_k 若有能力完成此任务,则买入该任务,买入后的效能就是拍卖合同时计算的效能值:$U_k,2 = \lambda_2 e_k(s_{k2})$。此时不需要再次计算,也不需要 A_j 当前的状态为空闲。假设 A_k 当前的任务为 T_1,并且其完成的效能为 $U_k,1$,此时要计算整个交换过程的效能变化 $\Delta E_k = (U_k,2 - U_k,1)$。

然后 A_k 将 ΔE_k 和任务 T_1 的属性信息发给 A_j,A_j 根据拍卖合同中计算的 T_2 效能 $U_j,2 = \lambda_i e_j(s_{j2})$,由式(7.3.3)最终确定 A_k 与 A_j 交换任务后二者对系统整体效能的变化 ΔE_j,即

$$\Delta E_j = (U_j,1 - U_j,2) + (U_k,2 - U_k,1) \qquad (7.3.3)$$

当此轮交换条件达到时,则由 A_k 在本轮交换中选择能最大程度提高系统整体效能的 A_s,并通过传送指令的形式将任务与 A_s 执行互换。其中 s 是 WA 的编号,并且满足

$$\Delta E_s = \max_j(\Delta E_j), j = 1, \cdots, n \qquad (7.3.4)$$

1. 算法的流程

基于合同机制的分布式任务分配算法首先对任务进行基于拍

卖合同的初始分配;初始分配计算结束后进行交换合同的协作,具体流程如下:

(1) PA 指定 WA 对任务进行拍卖;拍卖过程中,任务以合同的形式向其他 WA 发布。

(2) 各 WA 接到任务合同,将对任务进行效能指标评估的计算,并在合同有效的时间内将评估值返回给主持拍卖的 WA。

(3) 主持拍卖的 WA 根据来自其他 WA 传来的效能评估指标从中选择对系统效能增加最大的并发送指令与之建立拍卖合同。

(4) 当所有的任务拍卖结束后,若时间允许,对当前存在的任务进行任务交换合同的协作,任一主持交换的 WA 通过网络向其他的 WA 发送交换合同。

(5) 各 WA 接到网络中传来的合同,直接将自己任务的属性及效能连同主持交换的 WA 要交换任务的效能(在拍卖合同中已计算)一起发送给主持交换的 WA。

(6) 主持交换的 WA 根据各 WA 传来的评估效能值从中选择能最大程度提高系统效能的 WA,并发送指令与之建立交换合同。

(7) 当个别任务时间限制到达时,对应的 WA 执行任务,此时由于 WA 状态为忙,不参与具体的拍卖合同和交换合同,但可以进行效能指标评估的计算。当有新目标出现时转入(1)进入拍卖合同,否则进行下一轮交换合同。

2. 几个特殊情况的处理

考虑两个特殊情况下的目标分配问题。

(1) 当有新目标出现时。当某个 PA 检测到新目标时,可以直接将新目标作为新任务执行。分配时,在目标出现前整个系统分配结果的基础上,先对新任务进行拍卖合同的分配,将新任务分配给空闲的 WA;然后将所有任务进行交换合同的协作分配。

(2) 当有平台损失时。当检测到有平台损失时,可以将损失平台的任务作为新任务来执行。分配时,同样在平台损失前整个系统分配结果的基础上,先对新任务进行拍卖合同的分配,将新任务分配给空闲的 WA;然后将所有任务进行交换合同的协作分配。

7.4 武器协同运用决策的设计与实现

7.4.1 JADE 技术规范

JADE(Java Agent Development Framework)是由 TILAB(Telecom Italia LAB,一个意大利电信集团的研发机构)发布的开放源代码软件。JADE 是完全由 Java 实现的多 Agent 软件框架,可以用来开发基于 Agent 的应用程序。JADE 遵循 FIPA 规范,能实现多 Agent 系统间的互操作,FIPA(the Foundation for Intelligent Physical Agents)是 1996 年在瑞士日内瓦注册的非营利组织,该组织致力于促进智能 Agent 的发展,以提高异构 Agent 系统之间的可交互性为工作目标,并为此制定了从体系结构、通信语言、内容语言到交互协议的一系列技术规范[109]。

JADE 的目标是通过遵循可理解的系统服务和主体集的规范来简化 Agent 系统的开发过程。它通过提供遵循 FIPA 标准的中间件和图形化的调试部署工具简化了 MAS 的实现和管理。因此,JADE 可以理解为一个 Agent 中间件,通过它处理以下问题,如消息传输、消息编码、消息解析以及 Agent 生存周期管理。以 2008 年 5 月 5 日发布的 JADE 3.6 版本为例,它的界面如图 7.4.1 所示。

1. JADE 的体系结构

根据 FIPA 的定义,一个 Agent 平台的标准模型如图 7.4.2 所示,每一个 JADE 的运行环境实例叫做一个容器(Container),它可以包含若干个 Agent。一个容器就是一个 Java 虚拟机,同一容器可以容纳多个 Agent。每个容器都必须向一个主容器(Main Container)注册。主容器包括:

(1) Agent 管理系统(Agent Management System, AMS),负责控制其他 Agent 的活动及外部应用程序对平台的利用。

(2) 目录服务(Directory Facilitator, DF),负责对平台上的

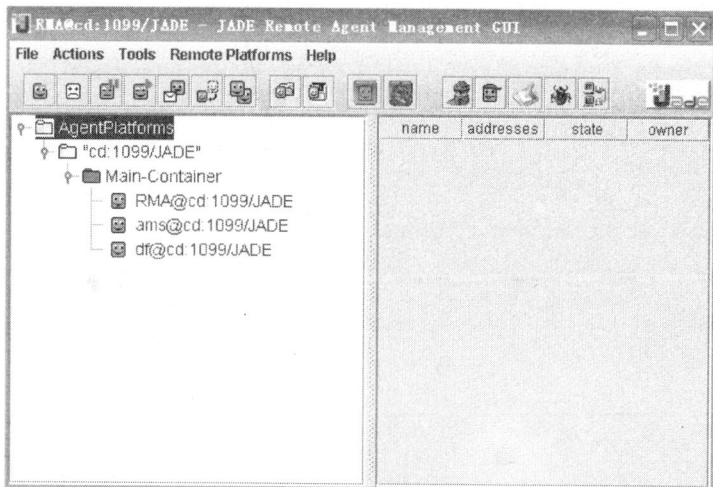

图 7.4.1　JADE3.6 版本界面示意图

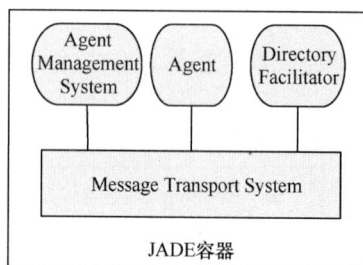

图 7.4.2　JADE 的体系结构

Agent提供黄页服务。这两者在 JADE 系统中分别用两个 Agent 来实现。

（3）消息传送系统（Message Transport Service，MTS），控制平台内或不同平台之间的消息和传输。

在网络中可以有多个容器。网络中的 Agent 不论处于一个平台还是多个平台中均可以透明地进行通信。平台可以跨越多台机器，但前提是这些机器之间无防火墙隔断。

2. JADE 的类

与 Java 类似，JADE 也向用户提供了丰富的类库，主要由以下

152

各包构成：

（1）jade. core。实现了系统的核心功能。它包含应用程序开发者必须继承的 Agent 类。在 jade. core. behaviours 子包中有 Behaviour 类及其后代，通过 Behaviour 可实现 Agent 的任务或意图。应用开发者通过书写 behaviours 及其间的路径，将 Behaviour 及其后代进行组合即可定义 Agent 的动作，实现复杂的行为模式。

（2）jade. content。由一组支持用户定义本体论和内容语言的类构成。其子包 jade. content. lang. sl 包含了用以进行 SL 解析和编码的编码解码器。

（3）jade. domain。包含所有代表 FIPA 标准定义的 Agent 管理实体的 Java 类，特别是提供生命周期、白页和黄页服务的 AMS 和 DF Agent。

（4）jade. gui。包含了一组用于生成用户图像界面（GUI）的类，支持通过 GUI 显示和编辑 AID、Agent 描述、ACL 消息。

（5）jade. mtp。包含了为将消息传输协议与 JADE 平台集成而必须实现的 Java 接口，以及一组协议的实现。

（6）jade. proto。包含了实现标准交互协议（如 FIPA 定义的 fipa – request，fipa – query，fipa – contract – net，fipa – subscribe 等）的类，同时还提供了帮助用户自定义通信协议的类。

（7）jade. wrapper。提供了 JADE 高级功能的包裹器，允许在运行外部 Java 应用程序时将 JADE 作为一个库进行调用。

（8）FIPA。包含了 FIPA 为基于 IIOP 的消息传输定义的 IDL 模型。通过使用 JADE 类库，应用程序开发者可以便捷地创建自己的 Agent，设定其行为、交互，并可通过图形界面对 Agent 进行管理。

7.4.2　JADE 中的 Agent

1. JADE 中的 Agent 的状态

Agent 在 JADE 中是作为一种自治的具有合作能力、通信能力的实体，外部不能获得 Agent 的引用，即不能直接存取 Agent 的属性,也不能直接指定 Agent 的行为。创建 Agent 的具体任务只能由容器(Container)来完成,返回的结果也只是封装后的 Agent。JADE 为 Agent 的任务定义了一种 Behaviour 类,Behaviour 中可以规定 Agent 执行时应遵循的不同协议,如合同网(FIPAContract-Net)等,来实现其交互合作能力。依据 FIPA 规范中关于 Agent 平台生命周期循环,一个 JADE Agent 能够处于以下各个状态中的一种,如图 7.4.3 所示。

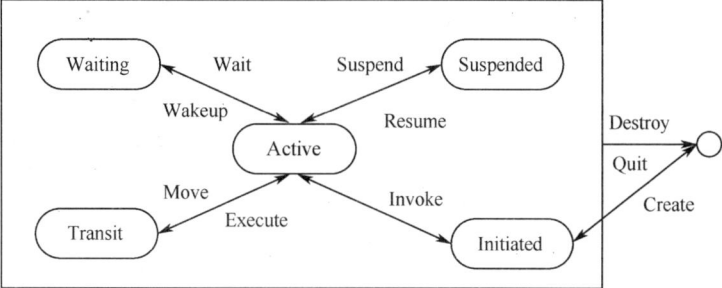

图 7.4.3   Agent 平台生命周期循环

Agent 类提供公有的方法来执行不同状态之间的转换,这些方法的名字来自于 FIPA 规范 Agent 管理中有限状态的适当转换。例如,doWait( )方法是使 Agent 从状态 Active 转换到状态 Waiting,doSuspend( )方法是使 Agent 从状态 Active 或者 Waiting 转换为状态 Suspended。一个 Agent 只有在状态为 Active 的时候才能执行 Behavious。

2. JADE 中 Agent 的执行

JADE 使用一个 Behaviour 概念来表示一个 Agent 能执行的任务,并且 Agent 可以通过需要和能力来规划自己的行为。这里行为是一个抽象类,提供了一个基本任务框架,它提供两个方法:action( )方法,表示可以被行为类完成的任务:done( )方法,由 Agent 调度机制使用,当一个行为完成时返回真值,可以从行为队列中清除;当一个行为没有被完成时返回假值,action( )方法必须被再次调用。用 addBehaviour( )的方法把行为加入到 Agent 中。此外,每

154

个 Agent 可以同时执行几个行为。Agent 的行为执行流程图如图 7.4.4 所示。

图 7.4.4　Agent 的行为执行流程

从程序执行的角度来看,JADE 中的 Agent 运行于抢先式多线程环境中,同一 Agent 的多个行为式合作调度。Agent 基类运行着一个行为调度机制,它以一种非抢先策略,轮流执行当前 Agent 的所有就绪行为,直到行为自身释放执行控制。如果某个行为释放控制时还没有执行完任务,它将在下一轮循环中被调度,除非它被阻塞。因此,Agent 开发人员可以扩展 Agent 的基类并且通过一个或多个行为类来实现任务,最后通过加入 Agent 来实现。这里 Agent 基类表示用户定义的一个超类,因此从编程角度看,一个 Jade Agent 就是一个从基本 Agent 类扩展来的 Java 类。它允许继承一些基本的隐藏行为(如 Agent 的注册、配置、远程管理等),并可以调用其中的方法集合来实现 Agent 的应用任务(如发送/接收消息,使用标准的交互协议等)。Agent 超类中有两个方法可以被

继承来管理一个 Agent 行为队列，即 addBehaviour(behaviour)和
removeBehaviour(behaviou)。

7.4.3 软、硬武器协同运用决策仿真系统设计

1. 系统框架的建立

用 JADE 进行设计主要有以下几个步骤：

（1）建立模拟整个编队的网络结构，如图 7.4.5 所示，图中每
台计算机对应一个作战平台，平台之间的通信通过 HTTP 协议，每
个平台有一个 JADE 容器，每个容器可以拥有多一个 AMS 和一个
DF，此时还没有任何功能 Agent。

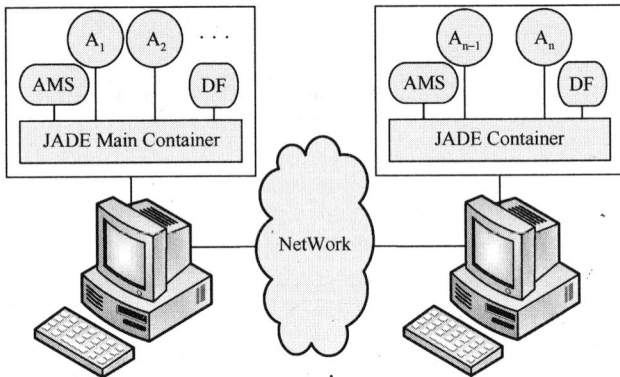

图 7.4.5　JADE 环境下的编队的网络结构

（2）根据需要增加相应的平台智能体 PA 和武器智能题 WA。
每个平台对应一个 PA，每个平台可以有多个 WA，每个 WA 代表
一个武器，可以是硬武器，也可以是软武器。

（3）对相应的 PA 和 WA 进行详细设计。将 PA 和 WA 看成
Java 语言中的两类，可以将设计分为对各自 Agent 类的设计、对类
中主要行为的设计、各行为及行为之间的工作流程的设计，以及同
一平台的 Agent 和不同平台 Agent 消息传递的设计。

运用 JADE 进行 MAS 的开发，主要是利用 JADE 提供的基类
来定义应用系统中的出现的 Agent 类、Agent 行为类、消息类等。

下面将主要对其中的 Agent 类、Agent 行为类进行分析。

2. 设计软、硬武器协同运用决策系统中的 Agent 类

当前讨论的系统中主要有 PA 和 WA,每种智能体产生时要向主容器注册,同时它还要拥有自己的几个行为,来应对消息传来时的反应。它们的定义可以简写如下:

(1) 平台智能体(PA)。PA 主要有任务管理模块、推理决策模块、任务分配模块等功能,其 java 的框架如下:

```java
public class PAgent extends Agent
{
//设定相关参数
//……
    MessageTemplate query;//消息模块参数
    protected void setup( ) {
        System. out. println("Platform Agent " + getLocalName( ) + " started. ");
        //Add the cycling Behaviour
        addBehaviour( new CyclicBehaviour( this) {
            public void action( ) {
                ACLMessage msg = receive( query);
                if (msg ! = null) {
                //接收到新的任务进行任务管理
                    addBehaviour( new Targetmanage( myAgent,msg) );
                    switch (msg. getInteger( msg) ) {
                        case 1://进行分布式分配
                            addBehaviour( new distributed( myAgent,msg) );
                        case 2://特殊或紧急情况下进行推理决策
                            addBehaviour( new urgency( myAgent,msg) );
                        default:
                    }
                }
                block( );
            }
```

```
    } );
  }
  class urgency extends Behaviour
  class distributed extends Behaviour
}
```

（2）武器智能体（WA）。WA 主要有效能评估模块、任务协商分配模块和发射控制模块，其 java 的框架如下：

```
public class WAgent extends Agent
{
//设定相关参数
//……
  MessageTemplate query; //消息模块参数
  protected void setup( ) {
    System. out. println ( " Weapon  Agent  "  +  getLocalName ( )  +  "
started. " ) ;
    //Add the cycling Behaviour
    addBehaviour( new CyclicBehaviour( this ) {
      public void action( ) {
        ACLMessage msg = receive( query) ;
        if ( msg ! = null) {
          //接收到消息,根据消息进行不同的操作
        switch ( msg. getInteger( msg) ) {
            case 1 ://进行效能评估
              addBehaviour( new efficiency ( myAgent ,msg) ) ;
            case 2 ://进行任务协商分配
              addBehaviour( new assignment( myAgent ,msg) ) ;
            case 3 ://进行发射
              addBehaviour( new launch ( myAgent ,msg) ) ;
            default :
          }
        }
        block( ) ;
      }
```

```
  });
}
class efficiency extends Behaviour
class assignment extends Behaviour
class launch extends Behaviour
}
```

3. 设计 Agent 行为类

从 Agent 类的设计中可以看出,在设计过程中对应不同的
Agent应该设计不同的行为,如 WA 就有效能评估、任务协商分配、
发射控制等三种主要行为。根据 JADE 中在 jade. core. behaviours
子包中有 Behaviour 类及其后代,通过 Behaviour 可实现 Agent 的
任务或意图,下面将选择其中的任务协商分配 asssign 类进行设
计。Asssign 是一个复杂的类,可以将其分为两个主要的子行为:
一是协商的发起者 ContractNetInitiator. java,另一个是协商的响应
者 ContractNetResponder. java。它们两个行为比较复杂,在此分别
给出其 UML 组合图,如图 7. 4. 6 和图 7. 4. 7 所示。

4. 系统的消息传递

通过以上 Agent 类和 Behaviour 类的设计,可以看出其中行为
的触发是由消息产生的,所以在 JADE 中对消息的格式和设置也
有严格的要求。为了实现快速的“发现—控制”作战响应,更应该
合理利用在各容器及 Agent 间消息传递。

首先 JADE 中已经按照 FIPA 实现了大部分的消息传递、格
式、接收的功能。下面分别介绍其发送和接收的步骤。

发送消息的过程十分复杂,一般说来由如下步骤中的一步或
几步组成。

(1)创建代表消息内容的类。

(2)创建描述这些消息类的 ontology。

(3)实例化代表消息内容的类。

(4)创建 Agent 通信语言消息(ACLMessage)类。

(5)将消息接收者装入 Agent 通信语言消息类。

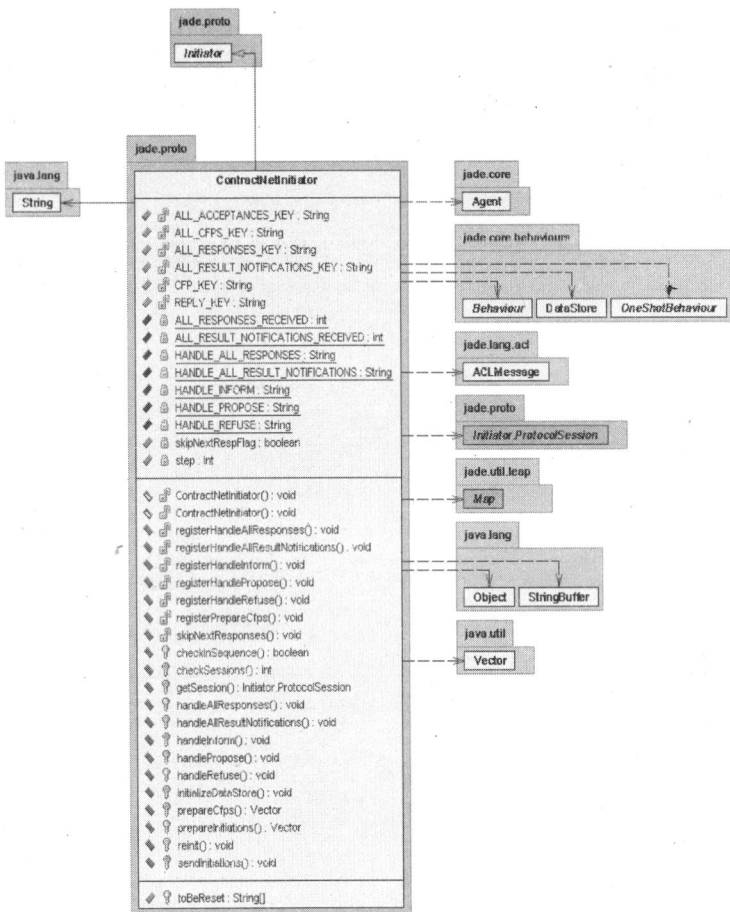

图 7.4.6 ContractNetInitiator 的 UML 类图

（6）将形式语言名和 ontology 名装入 Agent 通信语言消息类。

（7）创建消息内容管理器类（ContentManager）的实例。

（8）用方法 ContentManager. fillcontent(ACLMessagem , Conten-
tElement content)格式化消息内容。

（9）用方法 send(ACLMessagem)发送消息。

160

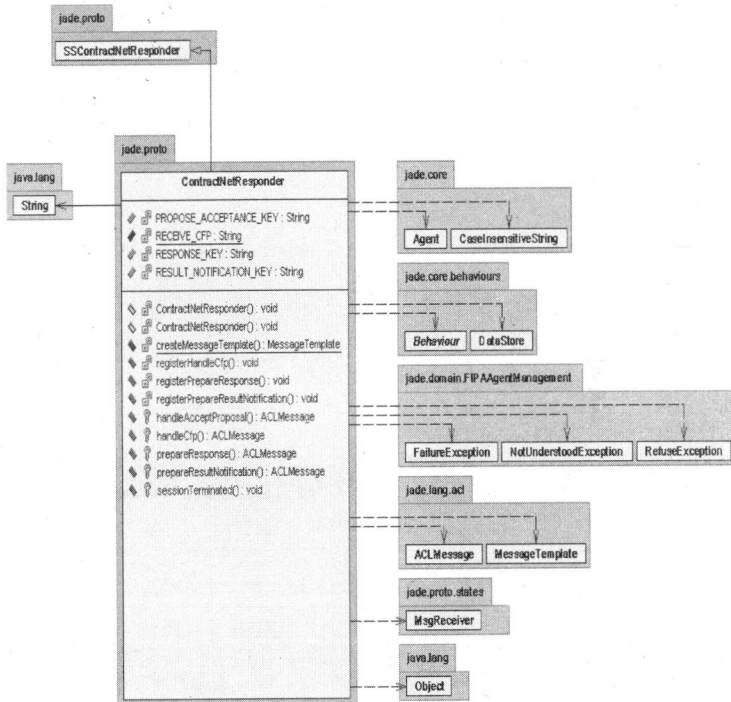

图 7.4.7 ContractNetResponder 的 UML 类图

消息的接收按如下两步完成：

（1）创建接受消息的行为。

（2）从行为的 action( ) 方法的消息缓存中收到任何消息都要创建消息内容的实例，并实现内容处理类，如果必要，还可以给发送方一个反馈。

JADE 采用兼容 FIPA 规范的 Agent 通信语言（ACL）。在Agent中使用 ACLMessages 对象定义消息。Agent 发送消息需要指定接收方的 Agent 身份（AID）、消息内容（即一个字符串或对象）。JADE 支持消息的组播机制，即把一个消息同时发送给多个 Agent。同时，允许调用 ACLMessage 的 createReply( ) 方法定义对消息的回复,该方法返回对所发送消息的回复消息。因此,这种工作方式需要设置应用层的通信协议。在 Agent 内部,先定义 ACLMessage 对象(指定消息类型),在消息对象中加入接收方 AID 对象和消失内容对象,调用 Agent 的 send()方法即可实现消息的发送。接收消失时,只要调用 Agent 的 receive()方法即可。

在 JADE 平台中,木地 Agent 通信与远程 Agent 通信使用不同的消息机制本地 Agent 之间通过事件进行通信。远程 Agent 之间的通信可以通过 IIOP 或 HTTP 协议实现。使用 HTTP 协议实现远处平台通信的优点是基于代理机制的 HTTP 隧道技术可以突破防火墙的隔离。

本地 Agent 之间通信时,只要在定义 AID 时,指定 Agent 的名字即可,如"operator01@scut3:1099/JADE"。与远程 Agent 通信时,还需要调用 AID 对象的 addAddresses()方法加入指定 Agent 平台所在的地址,如"http://scut3:7778/acc"。

5. 系统的工作流程

对于整个系统来说,系统的工作流程是典型的基于任务触发控制,任何 Agent 的行为都是接收到消息后而触发的,当然触发的行为可能是一个简单的行为,也可能是一连串的复杂行为;可能是一个 Agent 可以完成的行为,也可能是经过几个 Agent 之间的交互才能完成的行为。所以在不同的情况下,系统有着不同的工作流程,为此下面引用其中几个重要行为对系统的主要工作流程进行分析。

1)循环行为(CyclicBehaviour)

循环行为也是 JADE 定义好一个 Behaviour 类,它所表示的含义就是在该 Agent 的生存周期内始终进行此行为,比较典型的是当平台 Agent 在等待接收消息时所采用的行为。其代码如下:

```
addBehaviour( new CyclicBehaviour( this) {
    public void action() {
        ACLMessage msg = receive(query);
```

```
        if (msg ! = null) {
            //接收到新的任务进行任务管理
            addBehaviour( new Targetmanage( myAgent,msg) ) ;
}
```

2）一次行为（OneShotBehaviour）

一次行为主要用于一些执行一次的行为,行为结束后不再执行,如武器 Agent 的效能评估和发射控制等。它的定义代码如下:

```
public class efficiency extends OneShotBehaviour {
public void action( ) {
// 执行该行为,如效能评估等}
}
```

3）序列行为（SequentialBehaviour）

序列行为表示该行为的执行是依次经过几步操作完成的,这在武器 Agent 和平台 Agent 也是普遍存在的,一个简单的三步序列行为的代码如下:

```
public class ThreeStepBehaviour extends Behaviour {
private int step = 0;
public void action( ) {
switch (step) {
case 0:
// perform operation X
break;
case 1:
// perform operation Y
break;
case 2:
// perform operation Z
break;}
step + +;}
```

4）并行行为（ParallelBehaviour）

并行行为执行的是一个相对复杂的行为,可以看出它的子行为是并行的。由于它的存在大大提高了系统分布式运行的性能,不仅每个 Agent 可以同时运行不同的行为,而且同一个 Agent 也可以同时并行运行几个行为,这就是并行行为。在系统中一个武器 Agent 可以在处理效能评估的同时并参入与其他 Agent 的交互,它的主要运行是通过 ParellelBehaviour 来实现的,每加入一个并行行为,可以将该行为看成它的一个子行为,通过 addSubBehaviour( ) 将其加入并行行为中。其代码如下:

```
Behaviour task = new MyTask( );
ParellelBehaviour pb = new ParallelBehaviour( Agent);
// 加入行为 task
pb. addSubBehaviour( task);
//加入行为 WakerBehaviour
pb. addSubBehaviour( new WakerBehaviour( anAgent,60000) );
```

7.4.4 仿真研究

为验证基于合同机制的分布式目标分配方法,在 JADE 平台上考虑一个简单的例子,针对如下设定进行仿真试验:编队有 3 个作战平台,分别有武器数为 2、3、3,分别用于处置以下三个时刻的情况:

时刻 t_1:对空中来袭的 6 个目标进行打击时。

时刻 t_2:编队对 2 个目标已经确定发射,但是又传感器网络又传来 2 个新目标的航迹数据。

时刻 t_3:当平台 1 损失时。

首先在 JADEGUI 界面上启动 PA 和 WA,其中平台 1 和平台 2 的界面分别如图 7.4.8 和图 7.4.9 所示,平台 1 上产生了 PAgent、WAgent(1,1)和 WAgent(1,2)三个智能体,平台 2 上产生了 PAgent、WAgent(2,1)、WAgent(2,2)和 WAgent(2,3)四个智能体。其中平台 1 位于主机"cd"上,平台 2 位于主机"cc"上。

根据事先模拟的简单数据分别通过基于合同机制的分配后对以上三个设定进行仿真计算。得到的结果如表 7.4.1 和图 7.4.10 所示。

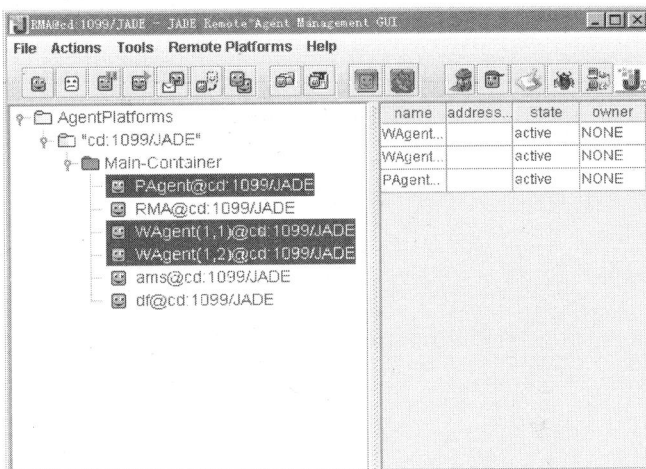

图 7.4.8 平台 1 上各 Agent 运行后的 GUI 界面

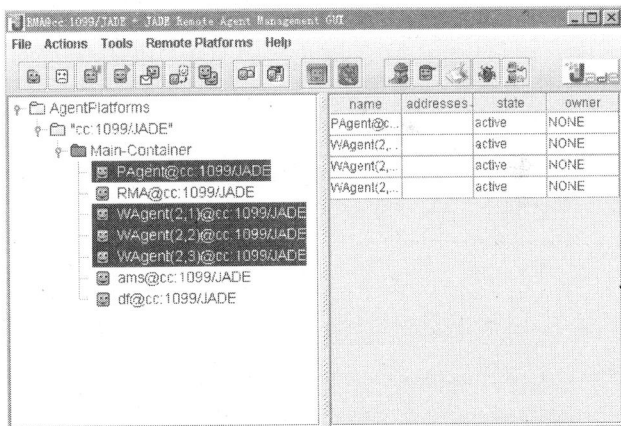

图 7.4.9 平台 2 上各 Agent 运行后的 GUI 界面

165

表 7.4.1　三种设定情况下的分配方案及效能

情况	分配时机	W(1,1)	W(1,2)	W(2,1)	W(2,2)	W(2,3)	W(3,1)	W(3,2)	W(3,3)	效能
一般情况	拍卖合同后	1	3	6	2	0	0	5	4	33.6
	交换合同后	1	3	0	2	0	4	5	6	34.85
发现新目标时	初始状态	+	3	0	+	0	4	5	6	20.525
	拍卖合同后	7	3	0	8	0	4	5	6	33.675
	交换合同后	6	3	0	8	0	7	5	4	35.3
平台损失时	初始状态	−	−	0	8	0	7	5	4	34.85
	拍卖合同后	−	−	6	8	3	7	5	4	46.275
	交换合同后	−	−	4	8	3	7	5	6	47.15

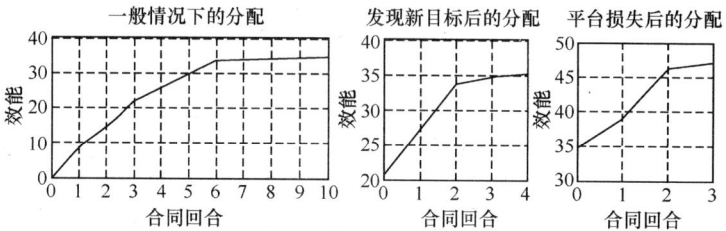

图 7.4.10　三种情况下分配效能随合同回合的变化曲线

其中,表 7.4.1 中"+"表示武器已发射,"−"表示武器损失,"0"表示武器未分配;从图 7.4.10 和表 7.4.1 中可以看出:

（1）有多少个新目标就进行了多少次拍卖合同,交换合同的执行次数不确定,但它可以在拍卖的基础上进一步提高系统的分配效能。

（2）当出现新目标或平台损失时,分配方法表现出了较好的性能,系统可以在较少回合内完成分配,原因是此时的分配是建立在前面分配的基础上的,只是对当前情况下的新目标进行拍卖合同的分配后再在整个范围内进行交换合同的分配。

网络中心战环境下的多平台及多武器防空对抗是一个复杂作战系统,各目标和武器的信息要素随时间推移不断的发生变化,如来袭目标的战斗运动要素、作战意图要素、作战空域等,涉及的是动态环境下的多变量、多元函数的优化规划决策问题,这就要求系统中的作战单元具备自适应以及根据优化规划模型和知识的支持进行自我推理判断的能力。将 MAS 理论和技术应用到多平台多种武器对抗空中威胁的协同作战指挥控制方法的研究中,将每个武器系统作为一个智能体,建立了目标分配问题基于 MAS 的描述,并将复杂协同决策中的目标分配看成若干任务,利用合同机制中的拍卖合同和交换合同对任务进行分布式分配,体现了多平台协同作战中目标分布式分配的优越性,提高了整个系统的分配效率。通过仿真试验可以看出:

（1）基于合同机制的分布式分配方法具有较高计算效率。目标分配过程中的关键计算都是由分布式计算完成的,大大节省了整个系统的计算时间。

（2）通过合同机制中的两种合同进行分配,大大提高了有限时间下的目标分配精度。

（3）在应对特殊情况下的目标分配,分布式分配方式表现出了更高的优越性。当出现新目标或是平台有损失时,它可以直接在以前分配的基础上进行基于合同机制的再分配,节省了大量的计算时间。

第8章　指挥控制系统智能化组网

在 C^4ISR 系统的集成中,要求指挥控制系统能够与探测、导航设备以及武器射击(发控)单元无缝连接,并且通过标准化的数据格式,从网络获取必要的信息支持,与上级指挥控制系统交换实时的火控级精度的目标运动要素数据。然而不同厂家在不同时期定型生产的探测、导航、通信及指挥控制系统,由于数据格式、通信协议及体系结构的不完全一致给 C^4ISR 系统的集成带来一定困难。包括指挥控制系统即插即用技术在内的一系列信息化装备智能接口技术研究的开展是彻底、全面解决上述问题的关键。

指挥控制系统即插即用关键技术的研究,是实现指挥控制系统在开放的一体化 C^4ISR 网络中的自动集成,实现与其他信息装备互连、互通、互操作,降低作战系统集成难度的一项重要的技术途径。基于网格计算的即插即用中间件则是即插即用指挥控制系统的核心组成部分,即插即用中间件在基于网格资源管理技术的基础上,结合指挥控制系统资源具有动态性与多样性、自治性与管理的多重性、分布与共享等特点,实现:指挥控制系统自动联入一体化 C^4ISR 网络;动态配置、主动发现其他资源信息节点;描述并声明自身提供的服务,以便于其他装备访问;自动地发现和利用网络上的其他装备所提供的服务;在一体化网络环境自动地与其他节点进行通信网络带宽的协同,与原有信息装备之间的互联、互通、互操作。

8.1　智能化组网的概念

本节主要从指挥控制的发展趋势及核心技术要求、即插即用技术的发展状况以及中间件技术的基本思想对其技术背景进行介绍。

8.1.1 指控系统组网

1. 发展趋势

目前,各国海军竞相发展新一代舰载指挥控制系统,同时对已装备的指挥控制系统进行重大改进。新一代指挥控制系统广泛采用了新技术,以网络中心战为主线,不断朝着一体化、网络化、智能化和全分布式体系结构方向发展。

(1)指挥控制系统一体化。战略、战役和战术信息系统一体化,以战术、战役为主;舰艇指挥控制系统一体化,建设信息栅格服务;指挥系统与武器平台一体化,实现从传感器到武器指挥控制人员的快速打击。

(2)指挥控制系统网络化。美军充分利用信息栅格技术、计算机网络技术和数据库技术的最新成果,建设按需进行信息分发、按需提供信息服务、强化信息安全和支持即插即用的全球信息栅格,支持一体化指挥控制系统的建设和应用,实现由以武器平台为中心向以网络为中心的转变。逐步把所有武器装备系统、部队和指挥机关整合进入全球信息栅格,使所有的作战单元都集成为一个具有一体化互通能力的网络化的有机整体,整合成为一个覆盖全球物理空间的巨系统,从而建成一体化联合作战技术体系结构。

(3)指挥控制过程智能化。作战决策和管理包括威胁评估、制订正确有效的作战方案、组织实施作战行动、统一调度作战资源以及保证作战目的的实现。信息时代战争具有突发性、隐蔽性及战争过程的快速性、大纵深和海地空一体化等特点,而舰载设备与系统接口关系复杂,信息量和控制量十分庞大,指挥员是否能在最短的时间内做出攻击判断是一件异常复杂而困难的工作,没有指挥控制系统自动化、智能化的辅助功能,指挥员难以进行正确有效的决策和管理。为此,舰载指挥控制系统必须同时兼顾面向目标与实时作战这一复杂的局面。主要体现在以下几个方面:

① 情报信息系统应产生和维持具有多作战平台一致性的战场态势图,并以指挥员容易理解的形式显示。

② 情报信息系统根据态势和威胁估计的结果,为指挥员提供决策支持,自动提供作战方案供指挥员选择,科学、快速、准确地实现决策。

③ 必须满足多平台联合作战的要求,可以自动接收来自指挥中心的作战管理。在同级之间可以相互提供必要的作战支援,必要时,一个作战部门能够执行其他作战部门的关键功能。

新一代全分布式编队指挥控制系统是以计算机网络为基础的多向联网系统,在其各子系统相互密切配合下,即使单个节点出现了故障(或损坏),也不会破坏整个编队指挥控制系统的完整性。而且它还可将分布于各个节点上的本地资源变为系统的全局资源以实现资源共享,完成各种功能分布,从而实现对多种传感器和信息源所采集的战术数据进行快速处理和显示,辅助编队指挥官做出实时、正确的战术决策,协调各种作战武器实施有效的多层次、典型全开放式全分布系统,如美国海军的 FDDS 旗舰数据显示系统、英国皇家海军的 SMCS 潜艇指挥系统、SSCS 水面舰艇指挥系统、瑞典海军的 9LVMK3 系统等。这些全分布式舰艇指挥系统表明舰载指挥控制系统发展到了一个新阶段。

2. 技术要求

信息时代指挥控制系统一体化、网络化、智能化和全分布式体系结构的发展趋势对指挥控制系统的核心技术也提出了更高的要求[150]。

(1)指挥控制系统应具有极强的网络接入能力。指挥控制系统网络化的发展趋势决定了单个的舰艇指挥控制系统应该成为全军一体化信息栅格和指挥控制栅格上的一个有效的节点,并且能够与探测、导航设备以及武器射击(发控)单元进行无缝联接,适当时间、适当地点即插即用,以提高指挥控制系统的有效性、鲁棒性和载入机动能力。

(2)指挥控制系统与武器平台互操作。要实现对目标的超视距捕获与攻击,就要求在"本舰"的武器平台上能使用其他平台(其中包括"远地"平台)上的传感器数据和作战指挥信息。因此,这就要求 C⁴ISR 系统中的单个作战系统与武器平台能够实现设备的兼容和系统的互操作,使各级指挥官能同时在各自的作战系统或武器平台上,获得一副相同的战场态势图并能通过各种信息传输系统进行相互协调,以便在最佳的武器平台、最佳的时机,对威胁目标实施软硬一体的攻击,实现真正意义上的系统综合集成一体化联合作战。

(3)系统互操作能力。系统"三互"最根本的是实现系统的互操作性。"互连"是"互通"的基础,"互连""互通"是"互操作"的前提。系统之间实现互操作的关键是使用通用模块进行模块化和标准化设计,在通用操作环境的支持下,指挥人员可以根据作战的需要,能够从远程或本地数据库中检索数据、获取战场态势图像、选择作战方案。美军 C⁴ISR 系统体系结构框架技术提供了研究和描述系统各个领域的体系结构的一套通用的指导原则和规范化方法。其中中间件技术是为了保证系统之间的互操作性和相关体系结构之间的兼容性的基本手段。

8.1.2 即插即用的基本概念

PnP(Device Plug and Play,即插即用技术),就是将设备连接到系统后,不需要预先获悉设备实体的位置,也不需要进行驱动程序的安装,更不需要对设备参数进行复杂的设置,系统的 PnP 管理器可以自动检测到设备的接入,通过判断设备发布的描述信息,即可决定是否接纳该设备成为自身的节点,其基本工作原理如图8.1.1 所示[151]。

支持即插即用功能的系统,表现为以下几点:

(1)对已安装硬件自动和动态识别。包括系统初始安装时对即插即用硬件的自动识别,以及运行时对即插即用硬件改变的识别。

(2)硬件资源分配。即插即用设备的驱动程序自己不能实现

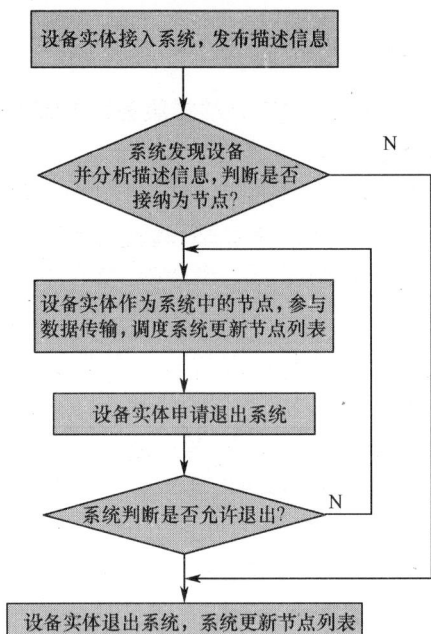

图 8.1.1　即插即用系统工作原理图

资源的分配,只有在操作系统识别出该设备之后才分配对应的资源。即插即用管理器能够接收到即插即用设备发出的资源请求,然后根据请求分配相应的硬件资源,当系统中加入的设备请求资源已经被其他设备占用时,即插即用管理器可以对已分配的资源进行重新分配。

(3)加载相应的驱动程序。当系统中加入新设备时,即插即用管理器能够判断出相应的设备驱动程序并实现驱动程序的自动加载。

(4)与电源管理的交互。即插即用与电源管理的一个共同的关键特性是事件的动态处理,包括设备的插入和拔出,唤醒或使设备进入睡眠状态。

8.1.3 中间件的基本概念

中间件一般是指运行在客户机或服务器系统上的一种独立的系统软件或服务程序,是一种新型的软件设计模式。在实际应用中,它可以实现多种功能,如提供远程进程管理、空间信息资源分配、信息存储与访问、系统安全登录和认证、系统安全或服务质量监测等。中间件应被理解为是一类软件,而非某一种软件。在网格环境中,中间件不仅仅可以实现各种应用程序间的简单互连,而且也可以实现它们之间各种更复杂的互操作。目前,在基于分布式环境的各种应用中,中间件的引入主要是为了解决网络通信方面的功能问题。其中,中间件的位置一般处于应用层和网络层之间,它通过对属于相应层次的功能实现并进行透明的封装,使得相应的应用层软件可以独立于低层实现机制(如计算机硬件和操作系统平台)单独进行开发,并实现不同平台间相同层次应用的跨平台的操作。在已有的民用市场,很多大型的企业级分布式应用标准的平台的建立都利用了中间件技术,通过各种中间件将大型企业分散的现有子系统进行组合,从而增强这个系统集成的简单性以及健壮性。中间件的基本概念如图 8.1.2 所示[152]。

如果将不同层次间的各种应用程序间的协同工作或互操作理解为一种客户服务器的工作模式,引入中间件技术就扩展了这种传统的客户服务器结构,形成了一种新的包括客户、中间件和服务器在内的三层或多层结构,这种结构为开发可靠的、可扩展的、复杂的事务密集型应用提供了有力的支持。

基于网格计算的即插即用中间件主要用于管理整合接入本地指挥控制系统的各种资源,自动发现和利用网络上的其他系统和装备所提供的服务,达到整个网络硬件资源的动态配置、即插即用,软件资源的有序管理、充分共享以及软硬件资源之间协同工作的目标。而由于各种资源、系统的结构性质、工作方式不同,致使其整合及调用方式各不同,研究并设计一种能够接入各种异构资源、异构系统的中间件模型,不仅使得软硬件资源能够很顺利地接

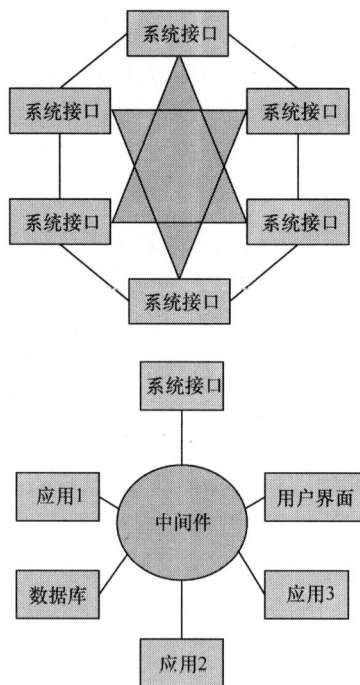

图 8.1.2　中间件的基本概念

入指挥控制系统,实时地对各种异构资源进行统一调度管理,还能使指挥控制系统自动联入一体化 C^4ISR 网络平台,自动地与其他节点进行通信网络带宽的协同,与原有信息装备之间的互连、互通、互操作,从而大大提高整个 C^4ISR 网络平台的工作效率和可靠性。

8.2　中间件技术的运用

8.2.1　中间件的设计目标

　　网格中间件主要是管理、整合接入指控系统的各种资源,达到硬件资源的动态配置、即插即用,软件资源的有序、充分共享,以及软、硬件资源之间协同工作的目标。而由于各种资源的结构性质、使用方式不同,致使其整合及调用方式各不同,研究并设计一种能够接入各种异构资源的模型,不仅使得资源能够很顺利地接入指挥控制网络平台,还能实现各种设备之间的互操作。

1. 中间件实现的基本功能

将网格中间件的系统功能进行抽象提取,划分为如下几点:

(1)网格资源注册与发现。当有新的网格节点接入计算网格并作了相应的配置后,该网格节点就具备成为网格资源的条件,网格资源节点管理器必须动态地发现新的网格资源,取得网格节点的信息(包括节点 IP 地址、资源工厂 URL 地址、资源类型、资源拥有者、工作区等),这是实现中间件即插即用的一个关键。在取得新的网格资源信息后,网格资源节点管理器对这些节点进行注册,以便完善新的网格节点信息使该节点成为可用的网格节点。

(2)网格资源动态加载。网格所管理的资源是多样的、异构的、动态的、自治的,为了实现网格资源的即插即用和协同工作,网格资源管理应该能够根据系统的需求动态地为系统加载有效的软硬件资源,这就要求网格资源管理具备动态检测计算网格节点可用性的能力,并及时报告,以便资源节点管理器能够在任务执行时注册新的节点。

(3)对网格资源的实时监控。由于作战任务的需要,网格中间件对的网格资源的管理必须具备实时监控功能,以便系统能够随时掌握该设备资源的可用状态,以及调用网格资源。

(4)网格资源的注销。对注册服务信息的管理也是必不可少的一项功能,如删除无用的资源等。

(5)资源生命周期的管理。为了对已经注册的资源进行动态管理,需要为每一个注册的资源分配生命周期,在其生命周期过程中保持状态有效。

(6)网格节点应具有路由功能。分布式网格中间件是一个开放的网格平台,在此网格平台上,有可能出现用户所登录的节点不能处理用户的作业,因此当用户在此节点上提交作业的时候,需要将作业从当前网格节点转移到具有执行用户作业能力的节点上，以便满足网格用户作业处理需求，这时就要求网格节点具体有路由功能，能够很快找到符合资源需求的节点。

2. 中间件的特点

根据网格资源动态管理系统在应用和研究上的客观要求，在设计和规划系统时应该从稳定性、安全性、高效性、通用性、扩展性以及方便易用性方面来进行考虑。

（1）在稳定性方面，对程序中可能出现的异常应该有预知，并在出现异常时及时处理，保证系统的稳定运行。

（2）在安全性方面，对网络和系统的访问权限进行控制，在物理上和逻辑应用上保证系统的安全性。

（3）在高效性方面，根据系统中业务逻辑功能的优先级或重要性，保证核心功能的运行效率。

（4）在通用性方面，从设计和实现系统功能两方面来考虑，使系统能够在不同的平台下运行，最大限度地保证系统的通用性。

（5）在扩展性方面，选择一种可扩展的模式设计，并在程序接口定义方面保留更多的可扩展余地，便于系统的改动和升级。

（6）在易用性方面，在兼顾以上性能方面的同时，尽可能提供一种最简单的方式来使用系统，这是系统设计的一个根本原则。

8.2.2　中间件系统架构体系及管理层次结构

在软件的设计和应用开发中，架构体系的选择和模型管理层次的设计对构建系统是极其重要，有助于理解和设计一个复杂的系统，并确保最终能够成功构建。通过对网格中间件技术中的所能提取的需求进行分析，得出了中间件的功能需求，并根据功能需求进行通盘考虑，最终确定了中间件系统的架构体系和管理层次结构。

1. 中间件的系统架构体系

下面基于指挥控制系统分布式结构，提出中间件分布式体系构架，并进行概略分析。

分布式体系架构如图 8.2.1 所示,参照了环形和网状网络拓扑结构的特点,所有的网格资源分布在多个"中间件资源节点管理器"上进行管理。这种模式下,网格资源或设备集群可以和任何一个中间件资源管理节点通过网格资源交互,而包含多种异构网格资源的设备根据需要可以同时和环形网(图 8.2.1 中大虚线圈中)上的多个中间件资源管理节点通信。环形网上的各个中间件资源管理节点可以通过某种机制来相互关联,维持信息的完整性,并能实现资源的高效管理。网格资源适配器和其中一个中间件资源节点管理器关联,提供资源信息管理的入口。

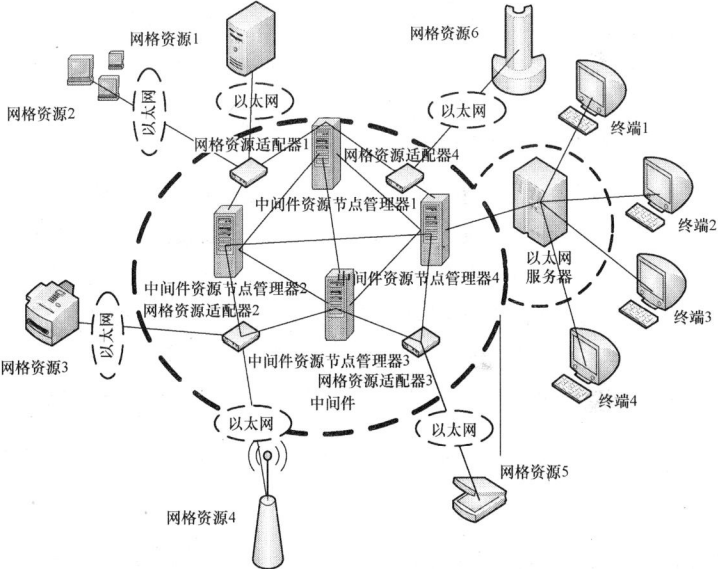

图 8.2.1 中间件分布式体系构架

该架构特征的优点:

(1)不同的资源或设备可以和不同的中间件资源管理节点连接交互信息,减少了服务器流量瓶颈的问题,保证整个系统的高效率运作。

(2)某一个中间件资源管理节点出现故障,系统会通过相应机制把管理任务转移到另一个资源管理节点,因此并不会影响到整个系统网络的正常运行,很大程度上提高了系统的可靠性。

（3）适于中型局域网络环境,在处理大数量级网格资源时效率高。

该架构特征的缺点:

（1）网络结构复杂,对资源的统一管理有一定的难度。

（2）需要一个好的算法来完成资源的负载均衡。

2. 中间件模型层次结构

网格中间件模型以 MDS、传感器资源组件及其他资源组件为基础软件设施来构建,同时在这些基础软件设施之上由网格资源适配器封装了对异构网格资源的基本操作,在网格资源适配器层之上又分离出中间件资源节点管理器,通过中间件资源节点管理器可以对网格资源适配器进行管理及其他操作,最后在中间件资源节点管理器的基础上进行相应的网格资源管理应用开发。图8.2.2 给出了网格资源管理层次结构图。

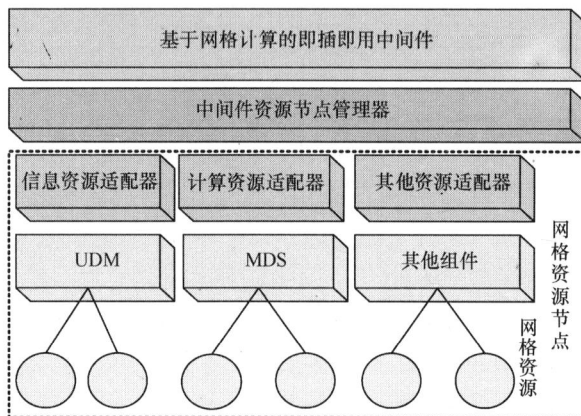

图 8.2.2　中间件模型层次结构图

1）网格资源节点层

网格资源节点由网格资源和网格资源管理基础设施以及网格资源适配器共同构成,是中间件作业的基本单位个体,作战人员通

178

过资源节点管理器对资源节点的管理,从而达到对资源进行实时监控以及调用的目的。

（1）网格资源层。网格资源是所有能够通过网格中间件接入系统的实体,包括计算机软件、计算机硬件、各种舰用设备和仪器等。网格资源层主要是为系统提供所需要的资源,为网格环境的骨架中提供源源不断的血液。网格资源具有异构性、动态性及自治性。网格的这些特性使得网格资源管理的复杂程序大大增加。

（2）网格资源管理基础设施层。网格资源管理基础设施层主要由各种资源管理组件构成,网格资源的特性使得各种网格平台中的资源管理组件或服务各不相同,本文采用异构网格平台资源自治的策略,把各不同资源通过不同的管理组件进行管理。此层整合现有的各种网格资源管理组件或服务,其中包括:

① UDM 是 CGDM 为 DNCPC 开发的计算网格的分布式中间组件,它提供以分布式中间组件通信协议为基础的网格通信方式,通过 CGDM 组件,子网格之间可以很好的通信和互操作。

② MDS(Monitoring and Discovery System)是 Globus Toolkit 的信息服务组件。它提供了有关网格计算资源的状态信息。其主要组件包括 Index service、Trigger service 和 Aggregator service。MDS 方便了计算资源的发现和描述,并监控资源状态和计算。

③ 其他组件主要是指其他网格环境中的资源管理组件,例如 CNGRID 网格平台中的资源管理组件。

（3）网格资源适配器层。网格资源适配器层主要用来对网格资源进行细节管理,包括发现、注册各种资源等,它封装了网格资源管理组件中各种操作,为上层提供了简单的接口,解决异构平台上资源描述及使用方法各不一致情况下资源接入系统和资源使用的问题。通过制订资源统一描述规范后,可以使所有网格资源通过适配器接入到网格资源节点管理器上。同时系统可以根据所需资源的特点,开发相应的适配器。适配器主要为中间件提供一个基础节点接入的接口,使用该适配器可以转化异构资源为系统所能识别资源。

2）网格资源节点管理器层。

向上为网格其他用户提供 API 接口,向下对网格资源适配器和网格资源进行管理,网格资源节点管理器层所完成的工作主要有以下几方面:

（1）网格资源适配器管理。

（2）网格资源管理与调用。

（3）为系统提供交互操作。

3. 中间件模型工作原理

网格中间件模型中主要是以网格资源为主体,同时网格资源由以往单一的计算资源发展到现在的多种不同类型的资源,它们通过不同的网格资源节点管理器进行管理,本节阐述计算网格资源管理模型中各种不同类型资源的管理策略、资源发现及调用机制。

1）网格资源的构成

网格资源的种类很多、功能各异,根据网格资源的本质,将资源抽象为拥有以下一组主要属性的集合:

（1）资源类型（Resource Type）。主要描述资源的分类情况,从而为此资源分配适当的资源适配器。

（2）拥有者（owner）。即资源的提供者,通过资源拥有者,为创建虚拟社区提供保障。

（3）资源工厂（Resource Factory）。资源工厂提供各种资源服务,当新的资源接入到中间件时,首先应把该资源的信息注册到网格资源工厂,网格资源适配器通过资源工厂来发现资源。

（4）工作区（work Space）。网格资源提供服务的工作场所,在工作区中网格资源为网格作业提供服务,其结果存放在此工作区内。

（5）IP 地址（IP Address）。网格资源的 JP 地址,作为网格识别资源的标志。

2）网格中间件模型的执行顺序

基于网格计算的即插即用中间件模型在指控系统中的工作流程如图 8.2.3 所示。

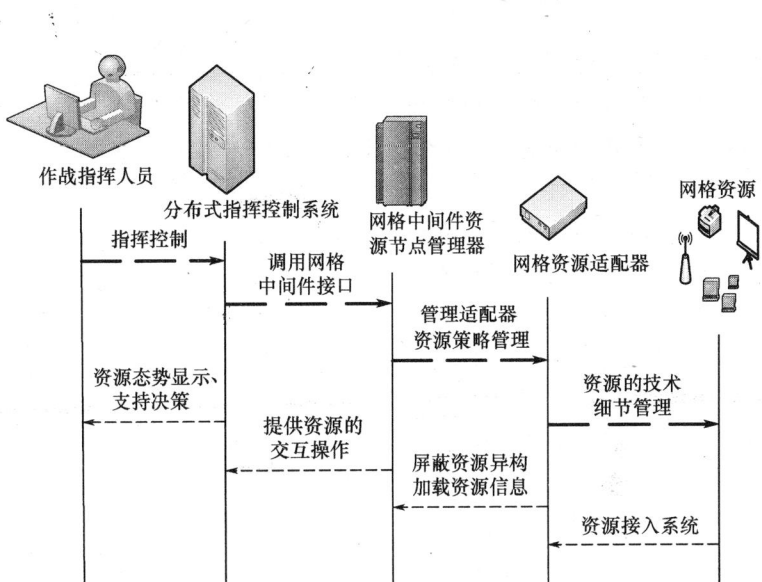

图 8.2.3 中间件模型工作流程图

分布式指挥控制系统:集成对网格资源的所有操作,它是作战指挥人员和网格中间件的纽带。

网格中间件资源节点管理器:为分布式指挥控制系统中的各种操作提供支持,它封装了各种对网格资源的原子操作,管理下层中的网格资源适配器,同时管理从网格资源适配器中提取的网格资源信息,从而对网格资源进行策略管理,是中间件模型的核心。

网格资源适配器:封装各种网格资源管理组件,实现对网格资源的技术细节管理,屏蔽资源异构,并为网格资源节点管理器提供各种网格资源的信息。

网格资源:它是执行网格作业的实体,网格资源通过关联网格资源适配器接入网格平台,为系统提供各种服务。当作战指挥人员通过系统下达指挥控制任务时,系统调用网格资源节点管理器提供的接口,网格资源节点管理器加载合适的网格资源适配器,通过适配器来调用网格资源来处理相应的请求。

3）中间件模型的优势

计算网格资源管理模型除了完成计算网格资源管理所需的功能外,有如下几点优势:

（1）多层结构框架,层次清晰、层与层与之间的耦合度比较低、独立性好,具有良好的可扩展性。

（2）实现对异构网格平台资源的快速接入,新资源只需注册并关联适配器,即可以使用,真正实现了资源的即插即用简单方便。

（3）提供了网格资源适配器规范,支持网格用户对各种新型资源开发特定的适配器,方便完成资源的接入。

（4）提供了网格资源节点管理器,它封装了网格资源烦琐的操作细节,为作战指挥人员提供了透明的资源调用及管理接口,使得作战人员管理、使用资源变得简单化。

（5）网格中间件门户操作简单,对作战指挥人员的专业技术水平要求不高,使用门坎低。

8.2.3 中间件资源节点管理器的功能需求

中间件资源节点管理器是网格资源管理者的逻辑承载实体,是网格中间件的实现核心,因此其设计的好坏直接关系到系统能否成功高效的运行。这部分几乎包含了网格中间件管理所有的关键业务,包括网格资源策略管理、网格资源适配器的管理、中间件门户接口管理,这些业务不同的机制相互关联,形成一个完整的管理实体,为作战人员提供更高效的资源管理服务。

1. 网格资源策略管理

网格资源节点管理器在网格资源信息容器的支持下,通过对网格资源适配器的直接管理来实现对网格资源的策略管理,包括网格资源动态注册、网格资源节点的检索、网格资源的实时监控、网格资源的调度和网格资源的注销。

2. 网格资源适配器的管理

随着各种网格资源的接入,中间件平台上将会增加越来越多的网格资源适配器,因此需要对它们进行有效的管理。可以在网格资源节点管理器中设计一个网格资源适配器管理模块,主要负责注册、加载、调度网格资源适配器,使新的适配器得以注册,并加载在适配器容器中,在一定的时机根据调度算法供使用者调用。网格资源适配器管理模块还要为网格资源管理器提供资源或资源工厂信息。网格资源适配器管理模块具体功能如下:

（1）注册网格资源适配器。系统通过此功能能够成功地将已经开发好的资源适配器注册到网格资源节点管理器中。

（2）加载网格资源适配器。在网格资源节点管理器启动的时候,需要加载所有的网格资源信息到网格资源信息容器中,以便网格资源策略管模块进行调度。

（3）持久化网格资源适配器信息。系统注册网格资源适配器后,需要将新注册的适配器的信息,持久化保存到数据库,以便适当的时候对这些信息进行处理。

（4）调度网格资源适配器。网格资源的使用必须有一个适配器与之关联,否则不可使用该资源。这就需要网格资源适配器管理模块能够提供一种或几种策略在网格资源和适配器建立对应关系。

3. 中间件门户接口管理

网格资源管理最为关键的是怎么样使用资源的问题,网格中间件提供对作战指挥人员透明的中间件用户接口,使用网格开发人员不需要深入了解复杂的适配器管理器和网格资源信息容器的工作原理就可以方便使用中间件资源节点管理器接口来提交作业或任务。

网格中间件模型是五层结构的体系,网格资源节点管理器作为服务的提供者,为上层的网格门户及应用提供如下的服务接口:

（1）网格资源适配器相关操作,包括网格资源适配器信息的注册、查看、修改状态等。

（2）网格资源相关操作,包括网格资源信息提供、网格资源的管理操作等。

（3）网格资源节点管理器对上层的管理接口。

8.2.4　中间件资源节点管理器的设计

网格资源节点管理器是整个网格中间件的核心,其实质是将分散的计算资源互连起来,为上层网格应用提供服务。由于时间受限以及个人研究能力的原因,本文只对中间件资源节点管理器各模块的功能结构进行详细剖析,并未对所有模块的具体细节设计做出深入研究。

1. 中间件节点管理器设计的核心思想

网格资源节点管理器的核心设计思想是:以计算网格逻辑功能划分为主线,将网格资源节点管理器的逻辑功能分为多个功能模块,每个功能模块负责完成不同的操作,它们之间相互协作完成一定的资源操作。针对每个功能模块严格的遵循操作逻辑与操作数据分离的思想,同时在设计各功能模型的时候应用各种设计模式,应用面向接口的编程思想来提高可扩展性,在设计的过程中借鉴了 SUN 公司 JDBC 规范中驱动管理器的思想,设计了网格资源适配器管理模块,提出网格资源适配器容器、加载器等一系列概念和技术方法。

2. 中间件资源节点管理器的逻辑结构

在网格资源节点管理器设计思想的基础上,具体的逻辑功能划分如图 8.2.4 所示,网格资源节点管理器分为以下几个功能模块:网格资源节点管理模块、网格资源信息容器、中间件资源节点管理器接口。网格资源节点管理模块又由网格资源策略管理模块、网格资源适配器管理模块构成,而网格资源信息容器是用来存储网格资源节点信息的,它作为网格资源节点管理模块的支持模块,为网格资源策略管理和网格资源调用提供数据。

(1)网格资源策略管理模块。网格资源策略管理模块在网格资源适配器管理模块和网格资源信息容器的支持下,实现对网格资源的策略管理,包括网格资源动态注册、网格资源节点的检索、网格资源的实时控制、网格资源的调度、网格资源的注销、以及网格资源的生命周期管理。

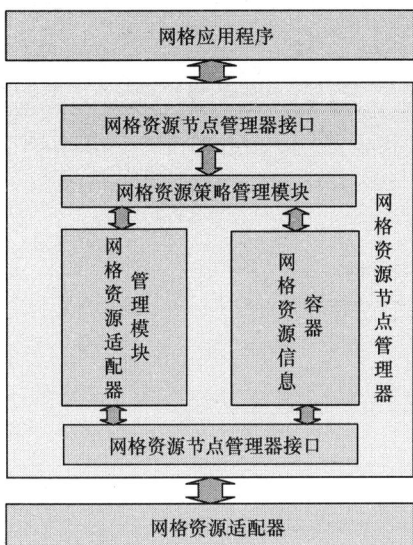

图 8.2.4 网格资源节点管理器逻辑结构图

（2）网格资源适配器管理模块。主要负责网格资源适配器的注册、加载、调度等。

（3）网格资源信息容器。主要负责管理网格资源信息，为中间件上层提供资源信息服务、支持资中间件对资源的注册、检索、调用等。

（4）网格资源节点管理器接口。网格资源节点管理器接口主要为其他应用程序调用网格资源提供 API 接口，它整合了从资源信息服务中心所得到的网格资源信息和网格资源适配器管理模块中所得到的网格资源适配器信息，给其他应用程序调用网格资源提供透明的 API 接口，为作战指挥人员的作战任务提供服务。

8.3　网格资源的管理

8.3.1　网格资源策略管理模块

网格资源节点管理器对网格资源的策略管理是在由网格资源

与相应的资源适配器所组成的网格资源节点的基础上进行的。由于网格资源适配器封装了不同网格资源管理组件中的各种操作，为网格资源节点管理器与网格资源之间提供了简单的接口，解决异构平台上资源描述及使用方法各不一致情况下资源接入系统和资源使用的问题，也在很大程度上简化了网格资源节点管理器对网格资源的管理。

1. 网格资源策略管理模块功能结构图

图 8.3.1 所示为网格资源策略管理模块的功能结构，包括网格资源动态注册部分、网格资源检索部分、网格资源调度部分以及网格资源注销部分，其中网格资源调度是网格资源策略的核心。网格资源策略管理的最终目的是为了实现作战指挥人员根据作战和训练的需要对网格资源进行调用，所以网格资源策略管理的优劣将直接影响到网格资源调用的效率。

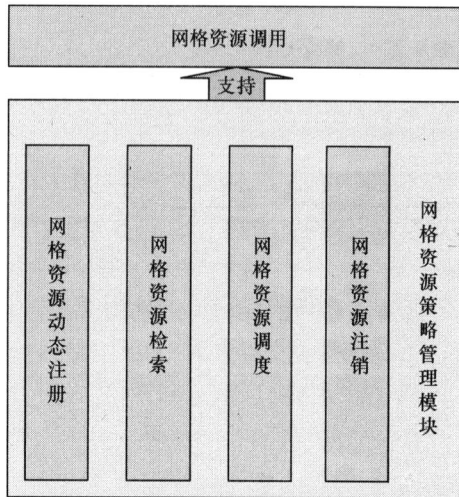

图 8.3.1 网格资源策略管理模块功能结构图

2. 资源动态注册与检索

网格资源开始其生命周期的第一步是向资源管理器注册自己，注册的结果在资源管理器的信息表中有了自己的信息，注册之

186

后的资源就变成了网格资源。资源检索是系统调用资源时的一个重要环节,资源检索的服务质量将直接影响到系统的调用资源的工作效能。

1）元服务的基本概念

网格中,服务是最重要的一个概念,是网格的基础。网格中的一切资源都表现为服务。网格元服务指的是为网格中各种资源整合提供所需要的服务。这些服务并不直接解决应用问题,而是为了整合其他服务(资源)而提供。因此可以把这些服务看做"服务的服务",称为"元服务"(MetaService)。本小节资源注册与检索正是基于资源节点的元服务来实现的。

2）基于元服务的资源节点动态注册的实现

当网格资源接入系统后,资源和其相对应的资源适配器进行绑定,组成资源节点。通过资源适配器所封装组件的描述,适配器在向中间件资源节点管理器交付资源信息时屏蔽了资源信息的异构性,因此中间件资源管理器对网格资源仅需基于资源的功能进行管理和调用,而无需考虑资源的性质和结构。

在小节中,资源节点注册服务基于典型的分布式结构,部署于若干个资源注册元服务器上,。所有的服务器均采用标准 SOAP(简单对象访问协议)接口提供资源注册元服务,以确保其与网格系统的兼容性。为了保证足够的灵活性、鲁棒性和扩展性,我们采用无中心的网状结构组织资源注册元服务的各服务器,各服务器之间相互独立,互不所属且无主从关系,各服务器之间以"邻居"关系相关联。在这里,"邻居"关系指的是两个在逻辑上相邻的服务器,它们之间的信息交互最为频繁,而与两个服务器之间的物理距离的远近没有关系。一个服务器可以有很多邻居服务器,这些"邻居"关系交织成为一个网状的结构,以减小因为其中少数节点的崩溃而导致资源注册元服务整体崩溃的危险。资源注册元服务各服务器间的组织方式如图 8.3.2 所示。

在每个服务器上均运行有一个符合 SOAP 标准的资源注册元服务的实例。这个实例的结构如图 8.3.3 所示,包括注册服务

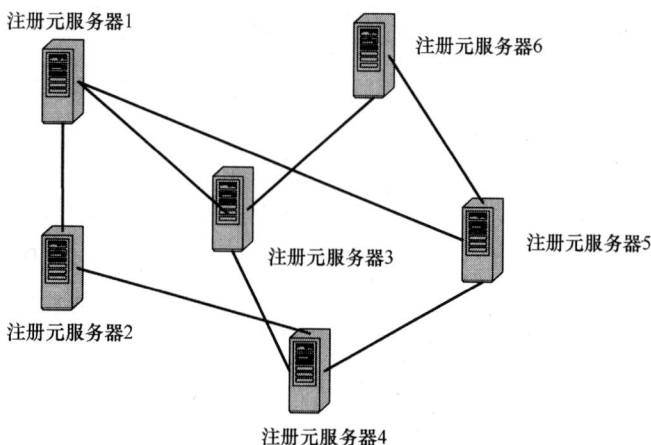

图 8.3.2　资源注册元服务各服务器间的组织方式

接口、注册服务逻辑、邻居资源信息管理、配置文件接口与配置文件、数据库接口与数据库、注册服务客户端和其他支持工具。它们的功能分别是：

（1）注册服务接口。提供标准的注册服务接口，解析来自资源适配器或其他服务器的资源注册服务请求，并将其传递给注册服务逻辑模块，根据注册服务逻辑模块的处理结果组成资源注册服务响应，返回给请求的发起者。

（2）注册服务逻辑。根据从注册服务接口获得的资源注册请求进行相应的处理，得到相应的结果返回给注册服务接口。

（3）邻居资源信息管理。根据预定的算法对邻居信息进行更新和处理，以保证邻居服务器列表的完备和有序。

（4）数据库接口。提供统一的数据库逻辑访问接口，屏蔽数据库种类的差别，并将对逻辑数据的操作映射到相应的物理数据库操作上，简化上层模块的操作。

（5）注册服务客户端。负责与邻居服务器联系，实现分布式的注册/检索能力。

（6）其他支持工具。提供一系列支持工具，方便上述各模块

188

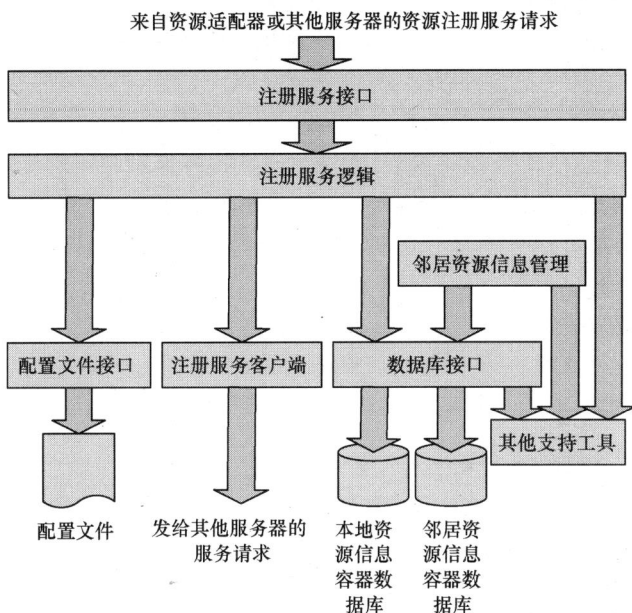

来自资源适配器或其他服务器的资源注册服务请求

| 注册服务接口 |

| 注册服务逻辑 |

邻居资源信息管理

| 配置文件接口 | 注册服务客户端 | 数据库接口 |

其他支持工具

配置文件　　发给其他服务器的　　本地资　邻居资
　　　　　　　　服务请求　　　　　源信息　源信息
　　　　　　　　　　　　　　　　　容器数　容器数
　　　　　　　　　　　　　　　　　据库　　据库

图 8.3.3　资源注册元服务实例结构

的开发与使用。

　　3）基于元服节点的资源检索

　　资源检索本质上就是从关键字到命名空间,到地址空间,到通往目标节点的路径的一系列映射。在网格中,节点具有高度的动态性,可以随时进出网络,可以与其他对等节点彼此定位并与之交互。基于元服务节点的资源检索原理与过程如图 8.3.4 所示。

　　(1) 当作战指挥人员向指挥控制系统下达调用资源指示时,负责接收系统指示的中间件资源节点管理器接口把调用指示交付给资源策略管理模块,后者根据资源信息容器中的历史查询结果进一步准确描述出作战指挥人员的需求,由查询优化编辑器优化查询条件。

　　(2) 资源策略模块按系统调用指示和相关信息,直接在本地资源信息容器中查找资源信息,如果查找成功,则返回查找结果给

189

系统和本地资源适配器,执行调用的下一步相应操作,并且不再保留结果。否则,将查询结果反馈给系统,进行异地查找。

（3）在本地资源缺失的情况下,本地系统通过网络路由把调用指示下达到异地网格中间件,进行资源信息查找,直到找到目标资源为止,再直接进行无缝连接调用。特别注意,一旦查找到目标资源信息,本地系统立即下达停止查找命令,避免此后的重复查找,减少资源浪费。

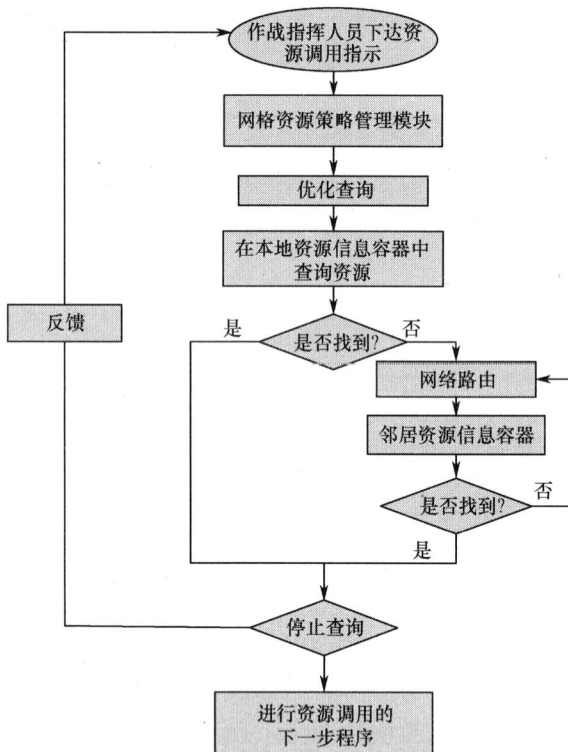

图 8.3.4 资源检索过程

3. 资源调度

资源调度是网格资源节点管理器的核心功能,也是网格资源节点管理模块设计的重要目标之一。

190

1）指挥控制系统中网格资源调度的特点

一般而言,在指挥控制系统中网格资源调度具有以下几个特点:

（1）资源调度是面向异构平台的。这是由于不同厂家在不同时期定型生产的探测、导航、通信及指挥控制系统,其数据格式、通信协议及体系结构的不完全一致造成的。

（2）资源调度是分布式的。指挥控制系统的一体化、网络化、智能化和分布式体系结构的发展趋势决定了网格的任务调度必须以分布、并行方式进行任务的管理与调度。

（3）资源调度不干涉网格节点内部的调度策略。在网格系统中,各网格节点的内部调度策略是自治的,网格任务调度系统干预其内部的调度策略是没有必要的,也是不可能的。

（4）资源调度必须具有可扩展性。指挥控制系统初期的规模较小,但随着一体化、网络化的深入发展,系统的规模也必将随之扩大。因此,在指挥控制系统规模不断扩大、应用不断增长的情况下,网格中间件的任务调度必须具有可扩展性,不致降低指挥控制系统的性能。

（5）资源调度能够动态自适应。指挥控制系统中的资源不但是异构的而且随着资源的加入或离开,整个指挥 C^4ISR 网络呈现出很强的动态性,所以网格资源策略管理模块必须适应网格的这种动态性,从可利用的资源中选取最佳资源为作战指挥人员提供应用服务。简单地说,网格资源调度的目标就是要对作战指挥人员下达的任务实现最优调度,并设法提高整个 C^4ISR 网络的总体吞吐率。

具体的目标包括最优跨度（OptimalMakespan）、服务质量 QoS（Quality of Service）、负载均衡（Load Balancing）、时间最优原则。

（1）最优跨度。跨度是一个最主要、最常见的目标,指的是调度的长度,也就是从第一个任务开始运行到最后一个任务运行完毕所经历的时间。跨度越短说明调度策略越好。当作战指挥人员向指挥控制系统提交任务后,最大的愿望是系统尽快完成自己的

191

任务。可见,实现最优跨度是作战指挥人员和网格中间件的共同目标。

（2）服务质量 QoS。网格中间件要为作战指挥人员提供服务时,作战指挥人员资源需求情况是通过 QoS 形式反映出来的。任务管理与资源策略管理模块在进行分配调度任务时,保障网格应用的 QoS 是完全应当的。

（3）负载均衡。在进行资源调度服务时,负载平衡是一个关键问题。中间件更进一步扩展了这个问题。网格调度是涉及交叉域和大规模应用的调度。解决好系统的负载均衡是一个非常重要的问题。

（4）时间最优原则。C^4ISR 网络环境中的资源在地理上是广泛分布的,而且可能每个资源都归属于不同的组织系统,都有不完全一样的资源管理机制和政策。根据现实作战的需要,必须保证中间件在最短时间内完成调度,而不会影响到指挥人员对作战任务的执行。

2）网格资源调度的体系结构

本小节提出的网格资源调度体系结构是在 C^4ISR 网络环境中构建的,资源调度的体系结构必须与中间件体系构架相一致,所以网格资源调度的体系结构也是分布协作式的。在分布式的网格资源调度系统中,没有指定某些固定的节点作为调度节点,网格系统中每个节点都具有调度功能。逻辑上,网格中有多少个节点,就有多少个作业队列。分布协作式的调度体系中调度节点相互之间进行协调来做出决策,达到共同完成调度任务的目的。分布协作式调度易于扩展和容错,支持资源自治和多种调度策略结合使用。

3）具体算法实现

在考虑到具体作战环境的需要,本小节在基于时间最优资源调度算法基础上,提出了改进的时间最优算法[153]。

（1）时间最优算法。时间最优算法出发点是尽量快的在预算范围内完成任务。基本思想是对每个资源,考虑到以往分配的任

192

务和完成率,估算一个任务的完成时间,再依据完成时间对资源按升序排序,再从队列中依次取出资源。如果该任务的成本小于或等于该任务的预算,则分配该任务给这个资源,重复以上步骤直到所有任务分配完毕。该算法的描述如下:

① 对每个资源预测并建立任务消耗率,或者测量和推测可用资源份额,并考虑到处理以往任务的时间。

② 对每个资源而言,如果有在前一次调度中分配到的任务但还没有执行,且资源可用性方面又有了变化,把合适数量的任务移至未分配任务列表。这样基于最新的资源可用性信息所做的调整有助于更新调度。

(2)改进的时间代价最优算法。为了扩展代价最优和时间最优算法,借鉴它们的思想,提出了改进的时间代价最优算法,目的是在不增加处理时间的前提下,最优化处理成本。以下是该算法的描述:

① 对资源列表中的每个资源,根据以往的历史数据,估算其可能完成的任务数,从它的任务数中减去无法完成的任务得到最新的任务数。

② 对资源按处理能力升序排序并生成成本资源列表。如果有两个或更多的资源具有相同的处理能力,把它们都加入具有相同处理能力的资源列表中,具有较低成本的资源优先。

③ 对处理能力的资源列表按升序排序。

④ 对处理能力资源列表中的每个列表,重复以下步骤,直到任务分配完毕:

a. 从未分配任务列表中选取一个任务;

b. 对每个资源,如果满足该任务的预算要求,计算该任务的完成时间并加入完成时间列表;

c. 对资源按照完成时间升序排序;

d. 取出第一个资源,如果对于该任务完成时间小于要求的完成期限,则将该任务分配给这个资源,并把该任务从未完成列表中移出。

4. 资源注销

当指挥控制系统中的资源出现故障或由于其他原因退出系统时,网格资源节点管理器中资源信息容器将会自动删除该资源的信息。资源注销的具体流程如图 8.3.5 所示,当资源适配器检测到资源退出系统,资源适配器立即把资源退出的信息上报给资源策略管理模块,网格资源策略管理模块把资源把此信息又发送给网格资源信息容器,资源信息管理容器注销相应资源信息,并更新资源信息数据库。

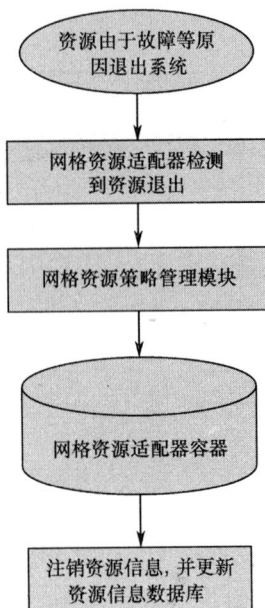

图 8.3.5 资源注销流程图

8.3.2 网格资源适配器管理模块

在网格中间件模型中,网格资源适配器负责提取网格资源的信息,而具体的网格资源适配器的管理与加载需要网格资源适配器管理模块。

1. 结构组成

如图8.3.6所示,网格资源适配器管理模块主要由两部分构成。

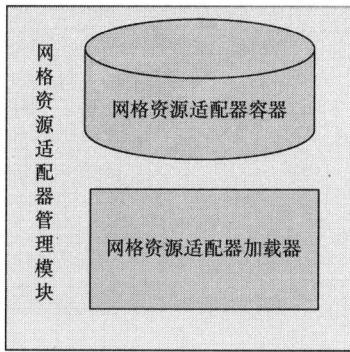

图 8.3.6 网格资源适配器管理模块

1）网格资源适配器容器

网格资源适配器容器主要用于存储各种网格资源适配器的信息,是网格资源适配器管理模块的主体部分。

2）网格资源适配器加载器

网格资源适配器加载器用于加载新接入系统的网格资源适配器信息,其加载过程是按照一定策略进行加载的,最常用的策略是"提供最先满足要求的适配器"加载策略。

2. 网格资源适配器功能需求

网格资源适配器是网格资源管理的基础组件,也是网格资源节点管理器与网格资源基础设施层的接口,它的主要功能是负责网格资源信息的基础提取及对网格资源进行技术细节管理。由于网格资源的多样性、异构性,所以在接入网格的时候需要更多地考虑这些资源的自治管理问题,网格资源适配器通过封装各种网格管理组件,达到网格资源自治的目的,并为上层网格资源节点管理器提供资源信息,从而解决异构平台上资源描述及使用方法不一致情况下资源共享的问题。考虑到网格资源的各种特性,要求设计网格资源适配器具有以下几个功能:

（1）发现、识别资源。当新的资源载入系统中时，网格资源适配器能够自动发现，并且通过其封装的各种资源管理组件能对这些新的资源进行描述和识别。

一个资源的描述包括该资源 Resource ID 和 Resource value。但这个组合并不能在网格中唯一地确定一个资源，有可能存在多个类型和属性完全不相同的资源，在这种情况下，资源描述是来解决资源表示方式等问题。请求和注册资源时，必须有一种描述方法来对这些资源加以说明，让系统知道作战人员的意图。资源描述也是资源共享、资源检索等关键环节的重要信息。如果资源描述做的好，资源的查找和定位相对而言就会十分简单。为了方便用户，可以使用类自然语言的方法。由于资源的种类繁多，为了便于系统具有可扩展性，所有要对资源进行分类，不管什么样的资源至少要属于一个类别。考虑网格中的四大类资源：处理器、存储空间、通信网络和数据文件，每类资源有着进一步的细分，但共享类同的描述方式。

（2）抽取资源信息、屏蔽资源异构并为上层提供调用资源的方法。网格资源适配器注册资源时能够调用底层的网格基础设施，对资源信息进行提取，并且通过适配器封装的各种资源管理组件操作把这些资源信息进行转化，转化成为计算网格中间件可以识别的资源信息。

（3）资源提供者能够针对特定的资源开发出相应的适配器。网格用户可以根据他们所拥有资源类型与现有适配器进行关联，但是对于没有相关适配器的特殊的资源，资源提供者可以自己提供适配器进行关联。这就需要设计一套网格资源适配器开发规范，任何人都可以根据此开发规范进行适配器的开发并与相应的网格资源成功关联。

（4）网格资源适配器应该具有动态性、独立性和异构性。

3. 网格资源适配器设计

网格资源适配器是网格资源和网格资源节点管理器之间的纽带，要求对上能够提供资源信息，对下能够封装网格资源管理组件来实现资源技术细节管理。

1）资源适配器的设计思想

网格资源适配器是针对某一类特定的网格资源所开发的，故在功能上要求能够对某类资源进行操作，能够发现、识别该类资源，并抽取该类资源信息、屏蔽资源异构为上层资源策略管理提供支持。

网格资源适配器设计为独立组件，功能完整，单独加载或停止，不与任何组件耦合，这样能够降低系统的耦合程度，便于扩展和维护，若其中的一个适配器发生错误，不会影响到其他适配器的使用。同时为了使得网格用户能够开发出特定网格资源的适配器，在设计网格资源适配器之前应该设计一套网格资源适配器实现规范。

2）资源适配器的逻辑构架

从总体结构上讲，网格资源适配器处在网格中间件模型中的网格资源适配器层中，网格资源适配器层中的所有适配器都遵循网格资源适配器规范，它向上为网格资源节点管理器提供资源，向下封装对网格资源的各种操作，使得系统对各种网格资源操作具有透明性。从逻辑功能上讲，将网格资源适配器的功能划分为：网格资源适配器实现规范、网格资源提取及调用。网格资源适配器逻辑功能如图 8.3.7 所示。

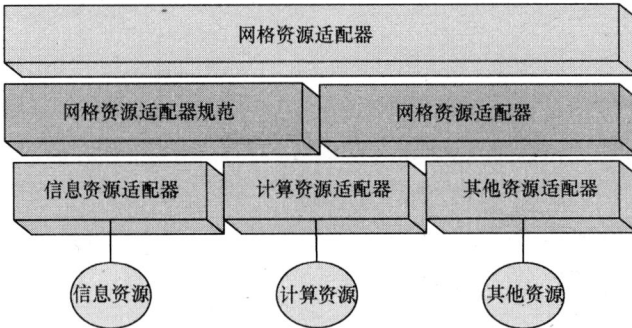

图 8.3.7　网格资源适配器逻辑功能图

网格资源适配器层中包括两个主要组成部分:网格资源适配器规范及网格资源适配器。

(1)网格资源适配器规范

所有的适配器均遵循网格资源适配器规范,网格资源适配器规范是生产网格资源适配器的蓝图,实现了此规范的网格资源适配器可以被网格资源节点管理器中的网格资源适配管理器发现并管理,它们的对象会被保存在网格资源适配器容器中,当网格用户执行某种请求的时候,网格资源管理器会根据特定的策略从网格资源适配器容器中加载一个符合条件的适配器。

(2)网格资源适配器

网格资源适配器不仅为网格资源节点管理器提供资源信息,而且封装了对网格资源的各种操作,这使得它的构成应包括网格资源信息提取及网格资源调度等操作。

8.3.3 网格资源节点管理器模块

中间件资源节点管理器接口主要是提供对作战指挥人员透明的资源调用接口,使用网格开发人员不需要深入了解复杂的适配器管理器和网格资源信息容器的工作原理就可以方便调用中间件资源节点管理器接口来提交作业或任务。中间件资源节点管理器接口由网格资源适配器接口和网格资源调用接口构成,其结构如图 8.3.8 所示。

1. 网格资源适配器接口

网格资源适配器接口主要用于网格资源适配器与中间件资源节点管理器的连接,该接口把资源适配器发现并处理过的资源信息,交付给资源信息容器存储,同时也可以把资源信息容器中资源策略管理模块所要检索、调用的资源的信息下发给资源适配器,后者进行相关资源技术细节管理的操作。

网格资源适配器接口需要网格资源提供商来实现,不同的资源应有不同的适配器,资源提供商在提供网格资源的同时需要提供此种资源相对应的适配器(若已有此类的适配器则不需提供)

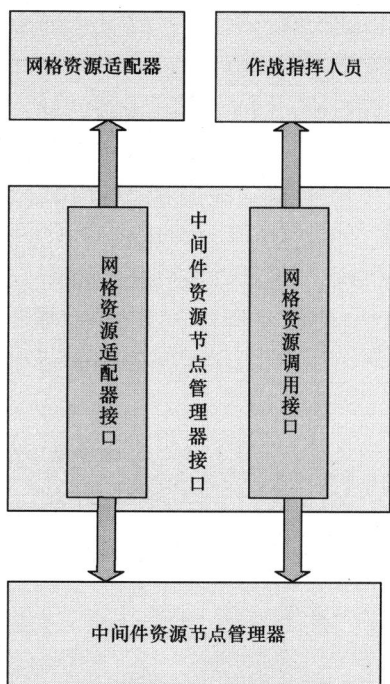

图 8.3.8　中间件资源节点管理器接口结构图

接口。

2. 网格资源调用接口

网格资源调用接口给其他应用程序调用网格资源提供透明的 API 接口,为作战指挥人员的作战任务提供服务,实现作战指挥人员与中间件资源节点管理器大的无缝连接,及时为作战训练调用相关资源。

网格资源调用接口由指挥控制系统研发人员实现,采用统一的标准调用机制。

3. 工作流程

中间件资源节点管理器工作流程如图 8.3.9 所示。

网格资源调用接口:用于传递系统对资源策略管理模块的各项指示,并向系统递交资源的信息状况,是指挥控制系统和网格中间件的纽带。

资源策略管理模块:支持系统对资源的调用操作。该模块一方面通过查询、调用资源信息容器中的资源信息来指导适配器对相应资源实施操作;另一方面根据资源调用的需要,指示适配器管理模块对适配器进行管理(即动态加载或删除适配器)。资源策略管理模块是中间件资源节点管理器的核心。

资源信息容器:该容器用于存储资源适配器识别、屏蔽异构性后的资源信息,便于资源策略管理模块对资源的间接、策略管理。

资源适配器管理模块:用于存储资源适配器的信息,并根据资源策略管理模块的指示删除或加载资源适配器。

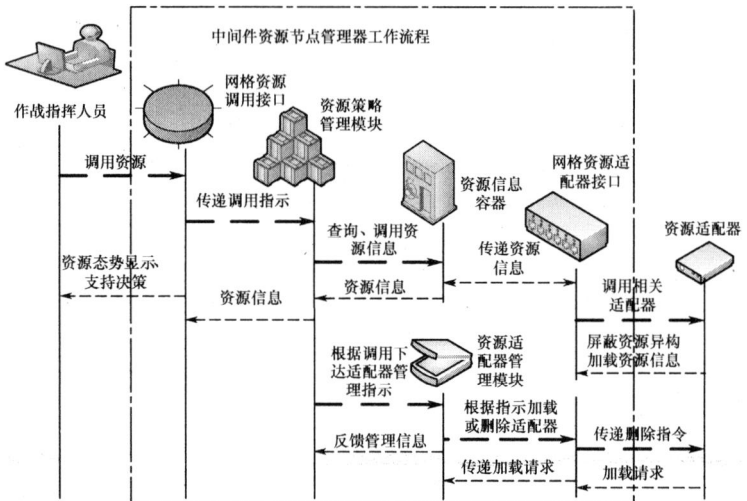

图 8.3.9　中间件资源节点管理器工作流程图

网格资源适配器接口:是连接资源适配器与中间件资源节点管理器的中间纽带,一方面该接口根据调用资源的信息向相应资源适配器传递调用指示,同时把适配器处理过的资源信息交付给资源信息容器;另一方面该接口还把资源适配器管理模块对资源适配器的各项管理指示下发给资源适配器,实现资源适配器的删除或加载。

参 考 文 献

[1] 李敏勇,等. 新指挥控制原理[J]. 情报指挥控制系统与仿真技术,2004,(01).

[2] 代建民,齐欢. C^4ISR 系统的指挥控制认知模型[J]. 武器装备自动化,2005,(04).

[3] 代建民,齐欢,张晓盼. 面向对象的舰载指控原型系统设计[J]. 华中师范大学学报(自然科学版),2005,(02).

[4] 梁颖达,曹群,罗雪山,等. 几类 C^4ISR 系统模型的可用性和局限性[J]. 火力与指挥控制,2004,(01).

[5] 罗爱民,黄力,罗雪山. C^4ISR 体系结构描述和设计方法[J]. 火力与指挥控制,2005,(01).

[6] 黄力,罗爱民,罗雪山,等. C^4ISR 体系结构研究综述[J]. 系统工程与电子技术,2003.(12).

[7] 邓小妮,袁卫卫,曾熠,等,指挥控制的形式化描述与性质验证[J]. 国防科技大学学报,2003,(06).

[8] 罗爱民,罗雪山,黄力. C^3I 系统体系结构框架研究[J]. 系统工程理论与实践,2003,(06).

[9] 高云,沙基昌,罗雪山. 指挥控制参考模型[J]. 计算机仿真,2000,(03).

[10] 包卫东,罗雪山,沙基昌. C^3I 系统模型与仿真研究[J]. 系统工程与电子技术,2000,(01).

[11] 高云,沙基昌,罗雪山. 指挥控制参考模型综述[J]. 火力与指挥控制,1999,(01).

[12] 刘俊先,余滨,罗雪山. 基于对象 Petri 网(OPN)的 C^3I 系统仿真建模[J]. 火力与指挥控制,2002,(01).

[13] 季福新,毕长剑. 基于结构熵模型的指挥控制系统组织结构评价[J]. 系统工程,2001,(04).

[14] 姚莉,汪浩. 关于智能化的军事决策[J]. 军事系统工程,1994,(01).

[15] Rousseau R. The M – OODA A Model Incorporating Control Functions and Teamwork in the OODA Loop[A]. The 2004 (9)th Command and Control Research and Technology Symposium[C]. 2004.

[16] Bryant D. Critique,Explore,Compare,and Adapt (CECA) A new model for command decision – making[A]. Defence R&D Canada[C]. Toronto 2003.

[17] 刘先省. 传感器管理方法研究. 西安 西北工业大学出版社,2000.

[18] 曾鹏,许友国,徐军,等. 基于态势信息融合体系的军用计划识别关键技术研究 [J]. 军事运筹与系统工程,2006,(03).

[19] Robert S. A Generic Model of Tactical Plan Recognition for Threat Assessment[A]. SPIE vol. 5813；Conference on Multisensor,Multisource Information Fusion Architectures,Algorithms,and Applications,2005.

[20] Yi－Chao C,Ling H,Wei－Ming Z,A Situation and Threat Assessment Model Based on Group Analysis[A]. Machine Learning and Cybernetics,Proceedings of 2005 InternationalConference,2005.

[21] Huai－ping C A,Jing－xu L I,Ying－wu C H. Threat Assessment of Targets Based on Support Vector Machine[J]. Journal of china ordnance,2006,2(03).

[22] Gibson T. Developing a command and control system in war[J]. IEEE Communications Magazine,1992,(01).

[23] Jessy L,Martin S. From research to development specifying a future command and control system[A]. Ninth Annual International Symposium of the International Council on Systems Engineering Vol. I Sessions 1 to 4,6－11 June 1999 Brighton,England.

[24] McGreer M M,Jo K Y. Global Command and Control System (GCCS) technical architecture[A]. Military Communications Conference,MILCOM '94.

[25] Witt M. Command and Control System Architectures[J]. Asian Defence Journal, 2003,Apr.

[26] Andriole S J. Advanced Technology for Command and Control Systems Engieering[M]. 北京:国防工业出版社,2005.

[27] 翟文军,刘红漫,蓝天. 指挥和控制中的多传感器数据融合及人工智能特征[J]. 电光与控制,1999,(04).

[28] 赵晓哲. 指挥控制系统中的自然智能和人工智能[J]. 舰船指挥控制系统,1997, (02).

[29] 张玉册,杨青松,陈珂. 全分布式人工智能技术在舰艇指控系统中的应用研究 [J]. 情报指挥控制系统与仿真技术,2004,(01).

[30] 陈永科,等. 基于多 Agent 的一体化联合作战指挥控制系统仿真研究[J]. 军事运筹与系统工程,2006,(03).

[31] 周丰,鲜明,肖顺平. 基于多智能体技术的协同信息融合系统研究[J]. 指挥控制与仿真,2006,(04).

[32] 赵妮,柳毅,顾中国,等,基于多智能体技术的信息融合系统[J]. 探测与控制学报,2005,(01).

[33] 孙岩,李德毅. 一种基于 Multi_Agent 协作的战场传感器网络数据融合架构[J]. 军事运筹与系统工程,2006,(01).

[34] 黄树采,李为民,李威. 基于多代理技术的防空监视网络传感器协作管理方法 [J]. 传感器技术,2005,(03).

[35] 徐亚军,李少洪. 多传感器管理系统[J]. 电子测量技术,2004,(06).

[36] 刘先省,申石磊,潘泉. 传感器管理及方法综述[J]. 电子学报,2002,(03).

[37] 刘先省. 传感器管理方法研究. 西安 西北工业大学,2000.

[38] Kashiwabuchi T. Automatic control for multi – sensor management[J]. Asian Defence Journal,2000,69(1).

[39] Lisa O,Kalyan V. A Controllable Sensor Management Algorithm Capable of Learning [A]. SPIE vol. 5813; Conference on Multisensor,Multisource Information Fusion Architectures,Algorithms,and Applications,2005.

[40] Christopher M K,Keith D K,John W W,An Information Based Approach to Decentralized Multi – platform Sensor Management[A]. SPIE vol. 6249; Conference on Defense Transformation and Network – Centric Systems,2006.

[41] Tharmarasa R; Kirubarajan R; Peng J. Dynamic sensor management for distributed tracking[A]. Signal and data processing of small targets,2005.

[42] Soyoung K,Mikyeong M,Keunhyuk Y. Extended Role – Based Sensor Management Framework[A]. Advanced Communication Technology,The 8th International Conference,2006.

[43] Kirleis E. Intelligent Sensor Management Systems Information for Efficiency [J]. Chem. info,2006,44(06).

[44] Chris M K,Keith D K,Alfred O H. Multi – platform Information – Based Sensor Management[A]. SPIE vol. 5820; Conference on Defense Transformation and Network – Centric Systems,2005.

[45] Scott F P,Alexander N D,Chris J H,Multiple Objective Optimization for Active Sensor Management[A]. SPIE vol. 5813; Conference on Multisensor,Multisource Information Fusion Architectures,Algorithms,and Applications,2005.

[46] Evans R,Krishnamurthy V,Nair G,Networked Sensor Management and Data Rate Control for Tracking ManeuveringTargets[J]. IEEE Transactions on Signal Processing,2005,53(06).

[47] Yue – Song L,An – ke X. Sensor Management of Multi – sensor Information Fusion Applied in AutomaticControl System[A]. International Conference on Advances in Intelligent Computing(ICIC 2005),2005.

[48] Kreucher C,Kastella K,Hero A O. Sensor management using an active sensing approach[J]. Signal Processing,2005,85(03).

[49] 李薇,张凤鸣. 基于多 Agent 的传感器管理系统研究与设计[J]. 微计算机信息,2006,(19).

[50] 程红斌,张晓丰,张凤鸣.基于 Agent 的多传感器管理原型系统研究[J].现代防御技术,2006,(02).

[51] 田康生,朱光喜,徐毓.基于多代理技术的传感器管理系统[J].现代雷达,2004,(02).

[52] 唐晓萍.数据挖掘技术及其在指挥控制系统中的应用[J].火力与指挥控制,2002,(02).

[53] 潘祖金,赵厚奎,程远国.数据挖掘技术在军事指挥控制系统中的应用[J].网络安全技术与应用,2006,(06).

[54] 程远国,段立.基于数据仓库的数据挖掘技术在指挥控制系统中的应用[J].情报指挥控制系统与仿真技术,2005,(06).

[55] 郑海涛,钱朴慧.指挥控制系统中的数据挖掘[J].火力与指挥控制,2004,(S1).

[56] 李伟生,王宝树.态势估计中基于模糊集理论的目标编群方法[J].系统工程与电子技术,2005,(07).

[57] 黄雷,郭雷.一种面向态势估计中分群问题的聚类方法[J].计算机应用,2006,(05).

[58] 王铮,刘高峰.基于证据理论态势估计中的目标分组方法[J].舰船电子工程,2006,(02).

[59] 姚春燕,胡卫东,庄钊文.态势估计中的二维模糊空间知识处理[J].火力与指挥控制,2003,(01).

[60] 宋元,章新华,郭徽东.空中目标战术意图层次推理框架及实现[J].情报指挥控制系统与仿真技术,2005,(05).

[61] 姚春燕,郁文贤,庄钊文.C3I 系统中战术态势估计的推理方法[J].国防科技大学学报,1998,(05).

[62] 程岳,王宝树,李伟生.面向态势估计的多代理规划识别模型的研究[J].火力与指挥控制,2003,(04).

[63] 梁百川,梁小平.数据融合中的态势估计[J].舰船电子对抗,2003,(01).

[64] 李进军,丛蓉,熊吉光.舰艇编队对空中目标的威胁程度判断模型[J].火力与指挥控制,2005,(07).

[65] 李进军,丛蓉,熊吉光.基于聚类分析的海上空袭目标攻击方向区分模型[J].军事运筹与系统工程,2004,(02).

[66] 李进军,丛蓉,刘驰,等.空袭目标攻击方向判断的综合聚类方法[J].兵工学报,2005,(05).

[67] 李新其,谭守林,李红霞.海上机动目标群威胁预警建模与仿真实现[J].情报指挥控制系统与仿真技术,2005,(04).

[68] 王端龙,吴晓锋,冷画屏.对敌战场意图识别的若干问题[J].舰船电子工程,2004,(06).

[69] 曾鹏,吴玲达,魏迎梅.战术计划识别模型的分析、描述与设计[J].计算机与数字工程,2006,(09).

[70] 李伟生,王三民,王宝树.基于计划识别的态势估计方法研究[J].电子与信息学报,2006,(03).

[71] 胡泊,王三民,王宝树.基于智能规划的计划识别模型[J].计算机工程与设计,2005,(07).

[72] 杨洋,陈小平.基于事件序列的计划识别算法[J].计算机工程,2005,(12).

[73] 蔡自兴,姚莉.人工智能及其在决策系统中的应用[M].长沙:国防科技大学出版社,2006.

[74] 胡润涛,王长缨,姚莉.基于智能主体的决策资源管理[J].计算机工程与应用,2003,(22).

[75] 姚莉,张维明,徐振宁,等.群体协作求解系统的设计与实现[J].计算机工程与应用,1999,(08).

[76] 姚莉,汪浩.关于智能化的军事决策[J].军事系统工程,1994,(01).

[77] 张全海,施鹏飞.基于本体的多智能体知识共享和协作[J].上海交通大学学报,2003,(09).

[78] 秦炜,杨少军.协作学习过程中的知识积累与共享[J].计算机集成制造系统 - CIMS,2003,(S1).

[79] 窦万春,刘茜萍,蔡士杰.面向认知协作的知识流分析与研究[J].计算机研究与发展,2006,(06).

[80] 宋思平,赵建川.协同作战能力的应用与发展[J].导航与雷达动态,2001(6).

[81] 宋伟,李新.美海军协同作战能力[J].舰船电子对抗,2007(6).

[82] 王航宇,等.TCN-美军协同作战能力的新发展[J].舰船电子工程,2003(2).

[83] 王航宇.协同交战中传感器管理技术研究[D].武汉:海军工程大学,2004.

[84] 吴水波,何晓晔,谭东风,等.军事概念模型知识获取过程方法和工具[J].火力与指挥控制[J],2007,32(5):67-71.

[85] 吴永波,沙基昌,谭东风.基于本体的两阶段任务空间概念模型开发方法[J].国防科技大学学报,2005,27(6):120-125.

[86] 瞿继双,戴金海.复杂离散实时系统任知资源图建模方法研究[J].研究系统仿真学报,2000,12(6):599-603.

[87] 郭齐胜,杨秀月,王杏林,等.系统建模[M].北京:国防工业出版社,2006.

[88] 李建军,任彦,周敏龙,等.面向作战任务的作战系统动态集成框架[J].火力与指挥控制,2008,33(6):0-13.

[89] 刘剑锋,沙基昌,陈俊良,等.面向战争设计工程的作战任务设计建模方法[J].火力与指挥控制,2008,33(6):41-44.

[90] 军事科学院战役战术研究部.通用联合作战任务清单[M].北京:中国人民解放

军军事科学院,2003.

[91] 张琦. 使命空间功能描述理论和方法[D]. 长沙:国防科学技术大学研究生院,2005.

[92] 胡晓峰,杨镜宇,司光亚,等. 战争复杂系统仿真分析与实验[M]. 北京:国防大学出版社,2008:298 – 299.

[93] 梁协雄,雷汝焕,曹长修. 现代数据挖掘技术研究进展[J]. 重庆大学学报(自然科学版),2004,(03).

[94] 杨炳儒,黄绍君. 知识发现系统研究进展与结构模型[J]. 辽宁工程技术大学学报(自然科学版),2001,(05).

[95] 李秀芳,李志成. 基于数据挖掘的聚类算法研究[J]. 计算技术与自动化,2006,(03).

[96] 刘子维,孟波,王超. 一种聚类挖掘结果的可视化方法[J]. 计算机应用研究,2006,(05).

[97] 杨天奇. 一种基于自组织分级聚类的数据挖掘方法[J]. 暨南大学学报,2005,(05).

[98] 许海洋,汪国安,王万森. 模糊聚类分析在数据挖掘中的应用研究[J]. 计算机工程与应用,2005,(17).

[99] Carling R L. Naval Situation Assessment Using a Real – Time Knowledge – Based System[J]. Naval Engineers Journal,1999,111(03).

[100] El – Fallah A. Advancements in situation assessment sensor management[A]. SPIE vol. 6235；Conference on Signal Processing,Sensor Fusion,and Target Recognition XV,2006.

[101] Hongyan S U,M F. Combination Rules of Evidence for Situation Assessment and TargetIdentification[A]. SPIE vol. 6235；Conference on Signal Processing,Sensor Fusion,and Target Recognition XV,2006.

[102] Erik B,Ivan K,John S. Issues and Challenges of Knowledge Representation and Reasoning Methods inSituation Assessment (Level 2 Fusion)[A]. SPIE vol. 6235；Conference on Signal Processing,Sensor Fusion,and Target Recognition,2006.

[103] Mirmoeini F,Krishnamurthy V. Reconfigurable Bayesian networks for adaptive situation assessment inbattlespace[A]. Networking,Sensing and Control,IEEE Proceedings,2005.

[104] Johan E,Magnus G,Andreas L. Rule – based situation assessment for sea surveillance[A]. Multisensor,multisource information fusion Proceedings,2006.

[105] Powell G M. Tactical situation assessment challenges and implications for computationalsupport[A]. 8th International Conference on Information Fusion,2005.

[106] Fallah A. Unified Bayesian situation assessment sensor management[A]. Conference

207

on Signal processing, sensor fusion, and target recognition, 2005.

［107］李伟生, 王宝树. 态势估计的目标编群问题研究[J]. 计算机科学, 2003, (08).

［108］黄雷, 郭雷. 一种面向态势估计中分群问题的聚类方法[J]. 计算机应用, 2006, (05).

［109］姚春燕, 郁文贤, 庄钊文. C3I 系统中战术态势估计的推理方法[J]. 国防科技大学学报, 1998, (05).

［110］宋元, 章新华. 态势估计中编队作战空间关系表示及其推理[J]. 火力与指挥控制, 2005, (03).

［111］Clarke B. A Calculus of Individuals Based on Connect[J]. Journal of Formal Logic, 1981, (03).

［112］Clarke B. Individuals and Points[J]. Journal of Formal Logic, 1985, (01).

［113］毛建华, 何挺, 等. 空间关系符号表示及其推理[J]. 江西师范大学学报, 2000, (04).

［114］石章松, 王辉华, 王航宇. 协同传感器管理体系结构及方法[J]. 电子器件, 2005, (03).

［115］田康生, 朱光喜, 徐毓. 基于多代理技术的传感器管理系统[J]. 现代雷达, 2004, (02).

［116］周伟. 基于多智能体协作的虚拟企业任务调度和冲突消解研究[D]. 长沙: 中南大学, 2004.

［117］王进, 徐洸. 计算机支持的协同计划冲突消解问题研究[J]. 空军雷达学院学报, 2003, (03).

［118］徐润萍, 王树宗, 顾健. 兵力协同计划资源冲突协商方法研究[J]. 系统仿真学报, 2005, (05).

［119］马海波, 黄红星, 等. 基于专家系统的并行工程冲突解决的研究[J]. 计算机工程与应用, 2000, (07).

［120］徐润萍, 王树宗, 顾健. 兵力协同计划资源冲突协商方法研究[J]. 系统仿真学报, 2005, (05).

［121］Georgiy M L, Yuri N L, Lou Jie, et al. Normative Design of Organizations – Part I: Mission Planning[J]. IEEE Transactions on Systems, Man. and Cybernetics – Part A: System and Humans, 2002, 32(3): 346 – 359.

［122］Yuriy S, Luo Jie, Georgiy M L. A Software Environment for the Design of Organizational Structures[C]. 2005 Command and Control Research and Technology Symposium, US, 2005.

［123］David L K, Georgiy M L, Susan G Hutchins, et al. Scenario Design for the Empirical Testing of Organizational Congruence[C]. 8th International Command and Control Research and Technology Symposium, US, NDU, 2003.

[124] Georgiy M L, Yuri N L, Lou Jie, et al. Normative Design of Organizations – Part Ⅱ: Organizational Structure[J]. IEEE Transactions on Systems, Man. and Cybernetics – Part A:System and Humans, 2002,32(3): 360 −375.

[125] Georgiy M L, Yuri N L, Lou Jie, et al. A Library of Optimization Algorithms for Organizational Design[C]. 2000 Command and Control Research and Technology Symposium, Monterey, CA : NPS, 2000.

[126] 王江峰. 基于 MDLS 与 GA 的作战任务资源分配算法研究[D]. 长沙:国防科技大学研究生院,2005.

[127] 修保新,刘忠,张维明,等. 基于信息粒化理论的主体间任务分配方法[J]. 国防科技大学学报,2007,29(3):71 −76.

[128] 彭小宏,阳东升,刘忠,等. 基于混合遗传算法的 agent 组织结构设计[J],计算机辅助工程,2006,15(3):45 −48.

[129] 周和荣. 敏捷虚拟企业实现及运行机理研究[M]. 武汉:华中科技大学出版社,2007.

[130] Chulwoo P, David L K, Krishna R P. Holonnic Scheduling Concepts for C2 Organizational design for MHQ with MOC[C]. 13th International Command and Control Research and Technology Symposium, Singapore,2008.

[131] Sui Ruan, Swapna S G, Krishna R P. An Agent – Based Simulation for Organizational Analysis[C]. 13th International Command and Control Research and Technology Symposium, Singapore,2008.

[132] Candra M, Feili Yu, Krishna R P, et al. Model – Based Organization Analysis and Design for an ESG Organization[C]. 13th International Command and Control Research and Technology Symposium, Singapore,2008.

[133] 鲁音隆. 多兵种联合作战战役任务计划方法研究[D]. 长沙: 国防科学技术大学研究生院,2004.

[134] 金伟新. 大型仿真系统[M]. 北京:电子工业出版社,2004.

[135] 鲁音隆,阳东升,刘忠,等. 联合作战规划中资源调度算法研究[J]. 火力与指挥控制,2006,31(2):12 −16.

[136] Yuri L, David L K, Krishna R P, et al. Assessment of a Model – based Organizational Design Methodology in Bridge to Global 99[C]. 2000 Command and Control Research and Technology Symposium, Monterey, CA ,2000.

[137] Georgiy M L, Yuri L, Shawn A W, et al. PERSUADE:Modeling Framework for the Design of Modular Army Organizations[C]. 2006 Command and Control Research and Technology Symposium,2006.

[138] 刘忠,张维明,阳东升,等. 作战计划系统技术[M]. 北京:国防工业出版社,2007.

209

[139] Georgiy M L, Yuri L, Shawn A W, et al. PERSUADE: Modeling Framework for the Design of Modular Army Organizations[C]. 2006 Command and Control Research and Technology Symposium, 2006.

[140] David S. Alberts 著, 网络中心战与复杂性理论[M]. 郁军, 贾可荣, 等译. 北京: 电子工业出版社, 2004.

[141] 邢昌风, 李敏勇, 吴玲. 舰载武器系统效能分析[M]. 北京: 国防工业出版社, 2007.

[142] 谭安胜. 水面舰艇编队作战运筹分析[M]. 北京: 国防工业出版社. 2009.

[143] Michael Wooldridge 著. 多 Agent 系统引论. 石纯一, 张伟, 等, 译. 北京: 电子工业出版社. 2003.

[144] 石纯一, 张伟. 基于 Agent 的计算[M]. 北京: 清华大学出版社, 2007.

[145] 贾得民, 刘刚, 秦勇. 基于智能 Agent 的动态协作任务求解[M]. 北京: 科学出版社, 2007.

[146] 徐润萍. 基于智能体技术的海军兵力协同作战智能辅助决策研究[D]. 武汉: 海军工程大学, 2004.

[147] Bauer B, Muller J, Odell J, Agent UML: a formalism for specifying multiagent interaction. 22nd International Conference on Software Engineering (ICSE), Agent – Oriented Software Engineering, Springer, Berlin, 2001, pp. 91 – 103.

[148] 侯印鸣, 等. 综合电子战——现代战争的杀手锏. 北京: 国防工业出版社. 2000.

[149] Fabio Bellifemine, Giovanni Caire, Dominic Greenwood. Developing multi – agent systems with JADE. John Wiley & Sons, Inc. and Publishing House of Electronics Industry. 2007.

[150] 殷国发, 刘建新. 数据融合技术在 C3I 系统中的应用[J]. 火力与指挥控制, 2002.6.

[151] 田晓波, 徐欣. 分布式系统的即插即用方法研究[J]. 现代电子技术, 2010, 2.

[152] 骆剑承, 周成虎, 蔡少华. 基于中间件技术的网格 GIS 体系结构[J]. 地球信息科学. 2002, 9.